www.ingramcontent.com/pod-product-compliance
Lightning Source LLC
LaVergne TN
LVHW010618070526
838199LV00063BA/5184
9789358726558

ترقی پسند تحریک کا ادب و ادیب

مرتبہ:

ادارہ حیات

© Taemeer Publications LLC
Taraqqi pasand Tahreek ka Adab wo Adeeb
Edited By: Idara Hayat
Edition: December '2023
Publisher :
Taemeer Publications LLC (Michigan, USA / Hyderabad, India)

ISBN 978-93-5872-655-8

مصنف یا ناشر کی پیشگی اجازت کے بغیر اس کتاب کا کوئی بھی حصہ کسی بھی شکل میں بشمول ویب سائٹ پر اَپ لوڈنگ کے لیے استعمال نہ کیا جائے۔ نیز اس کتاب پر کسی بھی قسم کے تنازع کو نمٹانے کا اختیار صرف حیدرآباد (تلنگانہ) کی عدلیہ کو ہو گا۔

© تعمیر پبلی کیشنز

کتاب	:	**ترقی پسند تحریک کا ادب و ادیب**
مرتبہ	:	**ادارہ حیات**
پروف ریڈنگ / تدوین	:	اعجاز عبید
صنف	:	تحقیق و تنقید
ناشر	:	تعمیر پبلی کیشنز (حیدرآباد، انڈیا)
سالِ اشاعت	:	۲۰۲۳ء
صفحات	:	۶۰
سرورق ڈیزائن	:	تعمیر ویب ڈیزائن

فہرست

(۱)	ترقی پسند ادب: ایک جائزہ	خالد سعید	6
(۲)	فکر نو کا ترجمان: ساحر لدھیانوی	ایم اے خالد	14
(۳)	اسرارالحق مجاز کی آوارہ مزاجی	رفعت سروش	20
(۴)	قرۃ العین حیدر کے ادبی اور شخصی رویے۔۔۔	دردانہ قاسمی	27
(۵)	قمر رئیس کی شاعرانہ شخصیت	ڈاکٹر فرید پربتی	32
(۶)	اردو ڈراما اور پروفیسر محمد حسن	انیس اعظمی	36
(۷)	اردو کا پہلا چینی شاعر: شیدا چینی	رضوان احمد	52

(۱) ترقی پسند ادب : ایک جائزہ

خالد سعید

حضرات! مبارک باد اور تعظیم کے قابل ہیں وہ لوگ، جو روز اردو زبان کے سکڑتے ہوئے دائرے کو محسوس کرنے کے باوجود، الیکٹرانک میڈیا کے چکاچوند میں، ادب کے تئیں افراد کی کم ہوتی ہوئی دلچسپی کا درک رکھنے کے باوجود، اردو کی نئی نسل کی ادبی کار گاہ کا اہتمام کیا ہے۔ ظاہر ہے اس صارفی معاشرے میں اسے دیوانگی ہی تو کہا جاسکتا ہے۔ لیکن یہ ایسی دیوانگی ہے جس پر اس فرزانگی کو بے ساختہ قربان کیا جاسکتا ہے جو محض سود و نفع کا لحاظ کرنا سکھاتی ہے۔ چونکہ آج کا اجلاس ایک تربیتی کار گاہ ہے اور مجھے کہنے کے لئے عنوان "ترقی پسند اردو ادب : ایک جائزہ" دیا گیا ہے۔ سو میری کوشش ہوگی کہ میری گفتگو طوالت نہ اختیار کرے۔ جو کچھ کہوں وہ جامع اور واضح ہو۔ لہذا اپنی گفتگو کو دو تین نکات ہی تک محدود رکھوں گا۔

دوستو! اردو زبان و ادب کی تاریخ کا مطالعہ کریں تو ہمیں بے شمار ادبی رجحانات و رویوں اور تحریکات و دبستان کا پتہ چلتا ہے۔ لیکن دو تحریکوں نے اردو زبان و ادب کو جس طرح متاثر کیا اور جس طرح مالا مال کیا، اس طرح کوئی اور تحریک نہ کر سکی۔ میری مراد ترقی پسند تحریک سے ہے اور دلچسپ بات یہ ہے کہ دونوں تحریکیں بنیادی طور پر ادبی اغراض کی حاصل نہیں تھیں، لیکن انہوں نے اردو ادب کو بے پناہ متاثر و مالا مال کیا۔ یہ دونوں تھیں ایک کا مقصدی تحریک اصلاح تھا اور دوسری کا انقلاب۔ دونوں میں دوسرا

بڑا فرق یہ ہے کہ علی گڑھ تحریک بنیادی طور پر تعلیمی تحریک تھی۔ لیکن اس نے زبان و ادب کے دائرے میں قدم رکھا اور اردو زبان و ادب کی سمت و رفتار بدلنے میں ایک یادگار رول ادا کیا۔ جب کہ ترقی پسند تحریک ادب میں تغیر و تبدل، جدت و ندرت پیدا کرنے کے مقصد شروع کی گئی تھی لیکن آگے چل کر ایک سیاسی انقلاب لانے، ایک مخصوص نظریے پر مبنی معاشرے کی تشکیل کرنے کے کام میں مصروف ہو گئی۔

زمانی اعتبار سے ترقی پسند ادبی تحریک کا آغاز اپریل ۱۹۳۶ء سے ہوتا ہے۔ جب چند ہم خیال نوجوان، شاعروں، ادیبوں اور دانشوروں نے مل کر ملک کی سطح پر ایک کانفرنس کے انعقاد کے ذریعے اردو زبان و ادب کے تئیں اپنے تصورات، اپنے منصوبوں کا اعلان کیا تھا۔ ابتدا میں یہ چند حساس اور بیدار مغز نوجوانوں کا گروہ تھا، جن کے دل و دماغ عالمی سطح پر ہونے والی فکری، تہذیبی، سیاسی معاشی تبدیلیوں اور نئے علوم و فکر سے روشناس تھے۔ جو اردو زبان و ادب کے قدیم اسالیب کی جگہ نئے اسالیب کو، فرسودہ مضامین و موضوعات کی جگہ نئے مضامین کو، باسی طرز اظہار کی جگہ تازہ پیرایۂ اظہار کو، از کار رفتہ تصورات کی جگہ عصری تصورات کو فروغ دینا چاہتے تھے۔ جو اردو زبان و ادب کو نئے زمانوں کے تقاضوں سے ہم آہنگ کرنا چاہتے تھے۔ جو سماج میں ترقی پسند کو رواج دینا چاہتے تھے۔ اردو ادب کی تاریخ میں ادیبوں کی یہ پہلی تنظیم ہے۔ جس کی باضابطہ ممبر شپ ہوا کرتی تھی اور جس کا منشور اور لائحہ عمل بھی جاری کیا گیا تھا۔ اس مرحلے پر یہ جان لینا بہتر ہوگا کہ ان لوگوں کی ترقی پسندی سے کیا مراد ہے:

"ترقی پسند مضامین نے ادب کے اس تاریخی، مادی اور عوامی تصور کو اپنایا ہے، جس کے نزدیک ادب نہ تو چند پیٹ بھروں کی میراث ہے نہ ذہنی عیاشی کا سامان۔ وہ ادب کو عوامی ملکیت قرار دیتے ہیں۔ اور اس پر زندگی کو سدھارنے اور سنوارنے کا مقدس فرض

عائد کرتے ہیں۔"

سردار جعفری۔ ترقی پسند ادب۔ ص:۵۴

"ہندوستان میں ترقی پسند تحریک، دنیا میں ترقی پسند تحریک، اشتراکی اصولوں کے پرچار، فاشزم کے خلاف تمدنی اور ادبی محاذ قائم کرنے کی تحریک کا ایک حصہ ہے۔"

احتشام حسین۔ تنقید جائزے۔ ص:۳۳

اردو کی ترقی پسند تحریک کے دو رجحان ساز نقادوں میں سے ایک نہ یعنی سردار جعفری نے "تاریخی، مادی اور عوامی" کی اصطلاح کے ذریعے کنایۃ" تو احتشام حسین نے "اشتراکی اصولوں" کی اصطلاح کے ذریعے وضاحتاً کہہ دیا ہے کہ ترقی پسند دراصل اشتراکیت سے عبارت ہے۔ لہذا ترقی پسند ادب سے مراد وہ ادب ہے جو اشتراکی فکر پر استوار ہو۔ عموماً اشتراکی فکر سے دار مارکسی فکری نظام لیے جاتے ہیں۔ لیکن یہاں ایک بات کی وضاحت ضروری ہے کہ اردو میں ترقی پسند ادیب اور خصوصاً ترقی پسند نقاد مارکسی فکر سے کم لینن کے طرز عمل سے زیادہ متاثر رہے ہیں۔ بات یہ ہے کہ اشتراکی فکر کی مختلف تعبیریں کی گئیں۔ ایک تعبیر لینن کے انداز نظر کی ہے۔ لینن کے طرز عمل کی تہہ میں اگر چہ مارکسی فکر کا دھارا موجزن ضرور ہے لیکن یہ طرز عمل انفرادیت کے مقابل میں اجتماعیت کو، تغیر کی بجائے انقلاب کو، توازن کی بجائے شدت کو ترجیح دیتا ہے۔ ادب کو ذریعہ سمجھتا ہے فی الذات نہیں۔ غیر طبقاتی نظام کی تشکیل میں ادب کو ایک (tool)اوزار کے طور پر استعمال کرنے کا قائل ہے۔ یہ ادب اور ادیب کو پارٹی یا تنظیم کا ترجمان سمجھتا ہے۔ جب کہ مارکسی فکر، باوجود ادب کی افادیت اور اجتماعیت کے قائل ہونے کے، ادیب کی خود مختاری، ادیب کی آزادی اور انفرادیت کی قائل ہے۔ مارکس اور اینگلز کے یہ دو قول ملاحظہ فرمایئے:

ا۔ "فن کا ارتقا براہِ راست خطوط پر نہیں ہوتا۔ نہ فن لازمی طور پر سماجی تبدیلیوں سے مربوط ہوتا ہے۔ فن کا ارتقا سماجی ارتقا سے کلیۃً آہنگ نہیں ہوتا۔ نہ ہی معاشی تبدیلیاں فن کے ارتقا پر حتماً اثر انداز ہوتی ہیں۔"

Karl Marks: The non into changeability of the Arts in Society: P.25.

۲۔ "جدلیاتی فلسفہ کے نزدیک کوئی بھی حقیقت آخری، اور مقدس نہیں ہوتی۔ بجز خوب سے خوب ترکی لازوال جستجو کے۔ فن کا سفر ہمیشہ انجانی دنیاؤں میں ہوتا ہے۔ اور ہر فن کار ان دنیاؤں میں پہنچنے کا راستہ خود منتخب کرتا ہے اور ایسے شاہکار تخلیق کرتا ہے جو دوسروں سے مختلف ہی نہیں، دوسروں کے لئے ناقابل نقل بھی ہوتے ہیں۔" اینگلز۔ مشمولہ جدیدیت کی فلسفیانہ اساس۔ شمیم حنفی

اگر چہ جارج نے لوکاژ نے وضاحت کر دی تھی کہ لینن خود بھی فن کار اور فن پارے کی حرمت اور آزادی کا قائل تھا۔ "لٹریچر" سے لینن کی مراد پارٹی لٹریچر تھا۔ لیکن اس کے حوالوں نے لٹریچر سمجھ لیا اور ادب کو، ادیب کو پارٹی کا ترجمان بنا دیا۔ یہ انداز لینن منسوب ہو کے رہ گیا۔ خیر کچھ بھی ہو۔ ہمارے ترقی پسند نقاد لینن کے طرز عمل سے بے حد متاثر رہے ہیں۔ اسی پر عمل کرتے ہوئے وہ بھی ادب اور سماج کے رشتے ،ادب کے سماجی ذمے داریوں، سماج میں پائے جانے والے استحصال کے خلاف ادبی و عملی جدوجہد، انسان اور انسان پائے درمیان کے جانے والے معاشی، سماجی، تہذیبی تفاوت کے خلاف جنگ اور ایک غیر طبقاتی معاشرے کی تشکیل کے تقاضے ادب اور ادیب سے کرتے ہے۔ حتیٰ کہ سجاد ظہیر جیسا اعتدال پسند، متوازن نقاد بھی کہتا ہے۔

"جب ہم نے ترقی پسند ادبی تحریک کی تنظیم کی جانب قدم اٹھایا تو چند باتیں

خصوصیت کے ساتھ ہمارے سامنے تھیں۔ پہلے تو یہ کہ ترقی پسند ادبی تحریک کا رخ ملک کے عوام کی جانب، مزدوروں، کسانوں اور درمیانی طبقے کی جانب ہونا چاہئے۔ ان کو لوٹنے والوں، ان پر ظلم کرنے والوں کی مخالفت کرنی چاہئے۔ اپنی ادبی کاوش سے عوام میں شعور، حس و حرکت، جوش و عمل اور اتحاد پیدا کرنا اور تمام ان آثار اور رجحانات کی مخالفت کرنا، جو جمود، رجعت اور پست ہمتی پیدا کرتے ہیں۔"

سجاد ظہیر، روشنائی۔ ص ۹۸

مجھے اس بات کا علم نہیں کہ ترقی پسند ادیب و شاعر، ہندوستانی سماجی نظام کو بدل کر ایک غیر طبقاتی نظام کی تشکیل کرنے میں کہاتک کامیاب ہوئے۔ محنت کشوں اور کسانوں کا استحصال کرنے والی قوتوں کی بیخ کنی میں اٹھیں کس قدر کامیابی ملی، ملی بھی کہ نہیں۔ ان کی تحریروں سے کتنے مزدوروں کی تنخواہیں بڑھیں یا انہیں روٹی، کپڑا اور مکان میسر آئے۔ کتنے کسانوں کو زمینیں ملیں۔ یہ میں نہیں جانتا اور نہ ترقی پسندوں نے واقف کرایا۔ البتہ میں اتنا جانتا ہوں کہ ترقی پسند تحریک نے اردو زبان و ادب کو بے حد مالا مال کیا اور ساتھ ہی ادبی مقاصد کو صدمہ بھی پہنچایا۔ اول تو سماجی و اشتراکی حقیقت نگاری کے نام پر اردو ادب میں نئے نئے موضوعات و مضامین کا اضافہ ہوا۔ ادب میں ان موضوعات کو بھی باریابی حاصل ہوئی جو ناقابل اعتنا سمجھے جاتے تھے۔ میری مراد عصری مسائل سے ہے۔ اگرچہ ان کی ابتدا حب الوطنی کے ادب کے زمانے ہی میں ہو چکی تھی۔ لیکن جو مقبولیت ترقی پسند تحریک کے ہاتھوں انہیں حاصل ہوئی، ویسی پہلے نہ تھی۔ شاعروں کا موضوع سخن محبوب کا حسن یا عاشق کی فریفتگی تک ہی محدود نہیں رہا۔ غریبوں کسانوں، محنت کشوں اور مزدوروں اور عصری واقعات کو بھی موضوع سخن بنایا گیا۔ نفسیاتی و داخلی حقیقت پسندی کے نام پر ناگفتنی کو بھی گفتنی کے دائرے میں لایا گیا۔ یوں بھی جنسی

حقیقت نگاری یا بے باکانہ جنسی اظہار اردو شعر وادب کے لئے کوئی نئی چیز نہیں ہے۔ لیکن فرق یہ ہے کہ ترقی پسندی سے پہلے جنسی مضامین، لذت انگیزی، چٹخارے دار لہجے یا پھر جمالیاتی رنگوں میں پیش کیے جاتے تھے لیکن ترقی پسند ادب میں جنسی مضامین ایک جبلی ضرورت یا نفسیاتی پیچیدگی، یا اقتصادی حوالے یا طبقاتی کشمکش کے نتیجے میں استحصال کے حوالے سے پیش کیے گئے۔ محبوب سے صرف وصال کی تمنا نہیں کی گئی بلکہ اسے کار زار حیات میں بپا گھمسان کے رن میں شانہ بشانہ شرکت کی دعوت دی گئی۔ یعنی عورت کو محض شے شہوت (Sex Object) نہیں سمجھا گیا۔ بلکہ ایک ساتھی، ایک دوست اور ایک غم گسار کے طور پر قبول کیا گیا۔ عورت کا یہ روپ یقیناً اردو ادب کے لیے نیا تھا۔ فرقہ وارانہ فسادات، شہری زندگی کے مسائل فلمی دنیا میں عورت اور تخلیق کار کے ساتھ روا رکھے گئے اتیاچار اور حقائق کی پیش کش اردو ادب کے لئے یقیناً ایک نیا رنگ تھا۔ عالمی بھائی چارہ بھائی چارگی اور امن پسندی کا تصور تحریکی فکر کے عالمی تناظر کے سبب سے اردو ادب میں در آیا۔ فیض نے ایرانی طلبہ کے قتل کو۔ کرشن چندر نے 'بارود اور چیری کے پھول' ہائیڈروجن بم بنانے والے، گر جا اور خندق جیسے افسانے لکھ کر سامراجی نظام اور امریکہ کی توسیع پسندی کے خلاف ہمیں متوجہ کیا۔ ان مسائل و موضوعات کی پیش کش کو 'عہد حاضر کے تقاضوں اور ادیب کی بیداری کہہ کر نظر انداز نہیں کیا جاسکتا۔ بلکہ یہ تو ترقی پسند فکر کی سماجی حقیقت نگاری اور ظلم و ستم کے خلاف ادیبوں کی ذمے داری کی تعلیم و تربیت کا نتیجہ تھا۔

کیونکہ اس تحریر و فکر کے ڈانڈے روس کی اشتراکی انجمنوں اور اداروں سے جڑے ہوئے تھے۔ نتیجتاً چین کے کم فن پاروں کا سہی، البتہ روسی ادب کے زیادہ سے زیادہ شاہپاروں کا اردو زبان میں ترجمہ کیا گیا۔ اور اردو کے منتخبہ ترقی پسند فن کاروں کی

تخلیقات کا روسی زبان میں ترجمہ کیا گیا۔ یہ ادلا بدلی، یہ لین دین پارٹی سے وفاداری کا صلہ ہی سہی، دو مختلف زبانوں کے ادب کا عالمی سطح پر رابطہ قائم ہوا۔

نئے موضوعات و مضامین اپنے ساتھ نئی لفظیات، نئی اصطلاحیں، نشستیں، نئے استعارے، نئے علائم اور نیا آہنگ بھی لائے یا پھر قدیم لفظیات کو مثلاً گل، بلبل، صیاد، قفس آشیانہ بجلی برق، زنداں، زنجیر اور قیدی کو سیاسی مفاہیم عطا کیے گئے۔ رات، پرچم، سحر، دار، خریدار، بازار جیسی لفظیات کا چلن بڑھا۔ تو وہیں کسان، مزدور، سرمایہ دار، صنعت، شہر اور راستے وغیرہ جیسی لفظیات اور ان کے تلازمے بھی ادب میں بار پائے۔

نئی تکنیک، نئے اسالیب نئی اصناف سے اردو ادب روشناس ہوا تو بعض قدیم اصناف سخن کو تخلیقی وسعت میسر آئی۔ خصوصاً افسانہ، ناول اور نظم کو۔ یہ سب تو ہوا لیکن لیننی انداز پر عمل پیرائی کے نتیجے میں ادب کا تقدس، ادیب کی آزادی غارت ہوئی۔ فن پارہ، نعرہ بازی اور فن کار پارٹی ورکر میں تبدیل ہو گئے۔ پارٹی وفاداری نے فکری و فطری آزادی کو، راست گوئی نے بیانئے کی لطافت کو، وضاحت نے ابہام کو، تحفظ فکری نے جمالیاتی صداقت کو نظریاتی تعصب نے حقائق کو اور مقصدیت نے فن کو صدمہ پہنچایا۔ اسی لیننی طرز عمل نے صرف اردو میں ہی ترقی پسند تحریک کو بکھرنے پر مجبور نہیں کیا بلکہ وقت کے تناظر میں ہم نے دیکھا کہ خود مملکت روس کی سالمیت بھی تو پارہ پارہ ہوئی۔ لیکن مارکسی فکر کی انفرادیت و افادیت آج بھی قائم ہے۔ وہ وجودی فکر ہو کہ ساختیات اور رد تشکیکیات کے پس پردہ کا فرمالسانی فکر ہر دو طرح کے فکری نظام میں مارکسی فکر موج تہہ نشین کی طرح رواں ہے۔

دوستو! ترقی پسند تحریک کے اس مطالعے سے ظاہر ہے کہ کوئی بھی تنظیم اپنے مقاصد کے حصول کے لئے، اپنے اغراض کی تکمیل کے لئے ادب کو ایک اوزار (tool)

کے طور پر استعمال کر سکتی ہے۔ میں یہ تو نہیں کہہ سکتا کہ ادب کو بطور اوزار استعمال نہیں کرنا چاہئے اور نہ میرے کہنے پر کوئی تنظیم ، ادب کو بطور اوزار استعمال کرنا ترک کر دے گی۔ خصوصاً آج کے صارفی معاشرے میں ، جہاں اشتہار بازی نے زبان و ادب بلکہ فرد کو بھی ایک شے (commodity) میں تبدیل کر دیا ہے اور زبان و ادب اشتہار بازی کا موثر اور کامیاب وسیلہ ٹھہرا ، ایسے میں جب ہم کسی ادارے کو زبان و ادب کے کا اس طرح استعمال کرنے پر روک نہیں سکتے تو پھر کس طرح کسی تنظیم کو پابند کر سکیں گے۔ باوجود ہماری اس ناتوانی کے ، اشتہار چاہے کتنا ہی دلکش اور معنی خیز ہو ، اس میں زبان کا کتنا ہی تخلیقی استعمال کیوں نہ ہوا ہو ، اسے ہم اشتہار ہی سمجھتے ہیں ، ادب پارہ نہیں۔ لہذا کسی تنظیمی جبر کے تحت لکھی گئی تحریروں کو بھی ہم ادب پارہ نہ سمجھیں۔ اتنا ہی تو ہمارے اختیار میں ہے۔ واللہ اعلم بالصواب۔

(۲) فکر نو کا ترجمان: ساحر لدھیانوی

ایم اے خالد

ساحر لدھیانوی کی ادبی زندگی کی شروعات ان کے اسکول کے زمانے سے ہو چکی تھی۔ ساحر جس وقت خالصہ اسکول لدھیانہ کے طالب علم تھے اسی وقت انہوں نے اپنی پہلی نظم لکھی تھی اور اپنے ایک قریبی دوست کے ذریعہ اسکول کے استاد فیاض ہریانوی کے پاس اصلاح اور رائے جاننے کے لیے بھیجی۔ استاد فیاض ہریانوی نے نظم دیکھ کر کہا۔ "اشعار موضوع ہیں لیکن مجموعی حیثیت سے نظم معمولی ہے۔" فیاض ہریانوی جیسے استاد نے ساحر کی پہلی نظم کو موضوع قرار دیا یہ ان کے لیے قابل فخر بات تھی ان دنوں شاعری میں استاد شاگرد کا عام چلن تھا لیکن ساحر نے اپنی اس پہلی تخلیق کے بعد کسی کو نہ تو اپنا کلام رائے جاننے کے لیے پیش کیا نہ تو کسی کو استاد بنایا اور خود اپنے طور پر شعر کہنے لگے۔

ساحر کا اصل نام عبد الحئ تھا۔ ساحر 8 مارچ 1921 کو ریاست پنجاب کے صنعتی شہر لدھیانہ میں پیدا ہوئے ان کے والد کا نام چودھری فتح محمد تھا۔ ساحر نے جب شاعری کی شروعات کی تو تخلص کی ضرورت در پیش آئی۔ بڑے پش و پیش میں تھے کہ کیا تخلص رکھا جائے۔ اسی دوران ساحر علامہ اقبال کے مرثیہ کا مطالعہ کر رہے تھے جو اقبال نے داغ دہلوی کی یاد میں لکھا تھا—

اس چمن میں ہوں گے پیدا بلبلِ شیراز بھی
سیکڑوں ساحر بھی ہوں گے صاحب اعزاز بھی

انہیں ساحر لفظ اتنا پسند آیا کہ انہوں نے اسے ہی اپنا تخلص بنالیا اور عبدالحئی سے ساحر لدھیانوی بن گئے۔

جس زمانے میں ساحر کی شاعری کا آغاز ہوا اقبال کی وفات ہو چکی تھی۔ جوش ملیح آبادی اور احسان دانش کی شاعری کا آفتاب فلک پر اپنے شباب کے ساتھ جگمگا رہا تھا۔ احسان دانش شاعرِ مزدور اور جوش ملیح آبادی شاعر انقلاب کے نام سے دن بدن شہرت کی منزلیں طے کر رہے تھے۔ فیض احمد فیض، علی سردار جعفری، اسرار الحق مجاز، جانثار اختر، کیفی اعظمی، فراق گورکھپوری ان کے ہمعصروں میں تھے۔ اقبال سے وہ بے حد متاثر تھے۔ اس لیے اقبال، فیض اور دیگر ہمعصر شعراء کی شاعری اور شخصیت کا اثر ساحر پر پڑا۔ ساحر کی شاعری میں یہ بات صاف طور پر نظر آتی ہے۔

اقبال اور فیض کے بعد ساحر ہی ایسے شاعر ہے جسے اپنی زندگی میں وہ مقام حاصل ہوا جس کی انہیں خواہش تھی۔ ساحر کا ایک مثبت پہلو یہ ہے کہ اقبال اور فیض کی وفات کے بعد ان کی مقبولیت میں کوئی خاص اضافہ نہیں ہوا لیکن ساحر وہ خوش نصیب شاعر ہے جن کی مقبولیت میں غالب کی طرح مرنے کے بعد بھی دن بدن اضافہ ہوتا جا رہا ہے۔ ساحر لدھیانوی شاعری میں جمالیاتی حسن، حقیقت نگاری اور افادیت کے قائل تھے۔ ساحر کی شاعری روایتی شاعری سے مختلف تھی۔ ساحر کی شاعری میں کہیں بھی شدت پسندی اور نعرے بازی نہیں ملتی۔ ساحر لدھیانوی تاعمر ترقی پسند تحریک سے وابستہ رہے اور نظام اشتراکیت کے مبلغ بھی۔ اس بات کی گواہی ان کے کلام سے ظاہر ہے۔

آج سے اے مزدور کسانوں میرے گیت تمہارے ہیں
فاقہ کش انسانوں میرے جوگ وہاگ تمہارے ہیں
جب تک تم بھوکے ننگے ہو یہ نغمے خاموش نہ ہوں گے

جب تک بے آرام ہو تم یہ نغمے راحت کوش نہ ہوں گے
تم سے قوت لے کر اب میں تم راہ دکھاؤں گا
تم پرچم لہرانا ساتھی میں بربت پر گاؤں گا
آج میرے فن کا مقصد زنجیریں پگھلانا ہے
آج سے میں شبنم کے بدلے انگارے برساؤں گا

بین الاقوامی مسائل اور عالمی شخصیت پر ساحر نے اپنی شاعری میں اظہار خیال کیا۔ افریقہ کے عوام کے مقبول رہنما لوممبا کے قتل پر "خون پھر خون ہے" کے عنوان سے ساحر نے قابل تعریف نظم لکھی۔

ظلم پھر ظلم ہے بڑھتا ہے تو مٹ جاتا ہے
خون پھر خون ہے ٹپکے گا تو جم جائے گا
خاک صحرا پہ جمے یا کفِ قاتل پہ جمے
فرق انسان پہ یا پائے سلاسل پہ جمے
تیغ بیداد پہ یا لاشۂ بسمل پہ جمے
خون پھر خون ہے ٹپکے گا تو جم جائے گا

اسی طرح سے انہوں نے دوسری جنگ عظیم میں نازی فوجوں کی شکست اور سوویت فوجوں کے جرمن سرحد کو پار کر لینے پر ایک عظیم نظم لکھی۔ جس کا عنوان "احساس کامراں" تھا۔

سامراج اپنے وسیلوں پر بھروسہ نہ کرے
کہنہ زنجیروں کی جھنکار نہیں رہ سکتی
جذبۂ نصرتِ جمہور کی بڑھتی رو میں

ملک اور قوم کی دیوار نہیں رہ سکتی

ہندوستان اور پاکستان کی بیچ کی جنگ نے دونوں ملکوں کی سماجی اور معاشی زندگی کو بہت نقصان پہنچایا۔ سیاست دانوں کا کردار اس میں کچھ بھی رہا ہو مگر ادیبوں اور شاعروں نے ہمیشہ پیار محبت اور انسان دوستی کا ہی پیغام دیا۔ ساحر لدھیانوی نے بھی معاہدۂ تاشقند کی سالگرہ کے موقع پر "اے شریف انسانوں" کے عنوان سے ہند-پاک جنگ کے پس منظر میں ایک عمدہ نظم لکھی۔

خون اپنا ہو یا پرایا ہو
نسل آدم کا خون ہے آخر
جنگ مشرق میں ہو کہ مغرب میں
امن عالم کا خون ہے آخر
بم گھروں پر گرے کہ سرحد پر
روح تعمیر زخم کھاتی ہے
کھیت اپنے جلے کے اوروں کے
زیست پھانکوں سے تلملاتی ہے

1944 میں بنگال میں قحط پڑا۔ یہ قحط انگریزی سامراج کی درندگی کی کھلی مثال تھا۔ یہ قحط قدرتی نہیں تھا بلکہ انسان کی پیداوار تھا۔ تمام شاعروں اور ادیبوں نے اسے اپنے فن کا عنوان بنایا۔ ساحر نے "قحط بنگال" کے عنوان سے نظم لکھی جو زبان و بیان اور اسلوب کے اعتبار سے شاہکار ہے۔

جہانِ کہنہ مفلوج فلسفہ دانو
نظام نو کے تقاضے سوال کرتے ہیں

یہ شاہراہ اسی واسطے بنی تھی کیا
کہ ان پہ دیس کے جنتا سسک سسک کے مرے
زمیں نے اناج کیا اسی لیے اگلا تھا
کہ نسل آدم و حوا بلک بلک کے مرے
ملیں اسی لیے ریشم کے ڈھیر بنتی ہیں
کہ دختران وطن تار تار کو ترسے

ساحر لدھیانوی ایک خاص طبقے کے شاعر تھے۔ سرمایہ دارانہ نظام سے نفرت کا اظہار خیال ان کی شاعری میں صاف نظر آتا ہے۔ چونکہ ساحر لدھیانوی ترقی پسند تحریک کہ سرگرم رکن تھے اور ترقی پسند تحریک کا اصل مقصد ظلم کے خلاف آواز بلند کرنا، رجعت پرستی، فرقہ پرستی اور قدامت پسندی کی مخالفت کرنا تھا اور اس کا اثر ساحر کی شاعری پر نمایاں ہے۔ ان کی شاعری ماضی کی تجربات اور گھریلو حالات سے متاثر ہے۔ انہوں نے خود کہا ہے۔

دنیا نے تجربات و حوادث کی شکل میں
جو کچھ مجھ کو دیا وہ لوٹا رہا ہوں میں

ساحر لدھیانوی کی وفات ہوئے 28 سال ہو گئے مگر ان کی مقبولیت میں کوئی کمی نہیں آئی بلکہ دن بدن اضافہ ہی ہوا ہے۔ ہندوستان میں بے شمار کتابیں ساحر پر لکھی گئی ہیں اور آج بھی لکھی جارہی ہیں۔ تمام یونیورسٹیوں میں ساحر پر ریسرچ ہوئے ہیں اور آج بھی ہو رہے ہیں۔ ان کی مقبول کتاب "تلخیاں" کے نہ جانے کتنے شمارے چھپ چکے ہیں جن کا شمار کرنا مشکل ہے۔ ہندوستان اور پاکستان کے کسی بھی کتب خانے پر چلے جائیے ساحر کی سبھی یا کوئی نہ کوئی کتاب ضرور مل جائے گی۔ آج جو ساحر کو مقبولیت مل رہی ہے یا

دن بدن بڑھتی جارہی ہے شاید ساحر نے اس کا تصور بھی نہیں کیا ہو گا۔

ساحر کی زندگی میں بھی ان کی مقبولیت کم نہ تھی۔ فراق جیسے شاعر نے بھی اس کو قبول کیا ہے۔ایک صاحب مشاعرہ کروا رہے تھے وہ فراق کے پاس گئے اور فراق صاحب سے بطور شاعر مشاعرے میں شامل ہونے کی درخواست کی۔ فراق صاحب نے پوچھا- کیا ساحر بھی مشاعرے میں آرہے ہیں۔ ناظم مشاعرہ نے کہا- آپ آرہے ہیں یہی مشاعرے کی کامیابی کے لیے کافی ہے۔ فراق صاحب فوراً جواب دیا- بھائی مشاعرے کے ٹکٹ تو ساحر کے ہی نام پر بکتے ہیں۔

ساحر لدھیانوی کو ان کی زندگی میں اور انتقال کے بعد جن سرکاری اور عوامی اعزازات سے نوازا گیا وہ بھی اپنے آپ میں مثال ہے۔ اس طرح کی مثال کسی شاعر یا ادیب کی زندگی میں نہیں ملتی۔ روس کی حکومت نے سوویت لینڈ ایوارڈ سے نوازا، حکومت ہند نے 1971 میں پدم شری سے نوازا۔ اردو اکادمی ایوارڈ، مہاراشٹر اسٹیٹ لٹریری ایوارڈ، لدھیانہ گورنمنٹ کالج کا گولڈ میڈل بھی قابل ذکر ہے۔ اس کے علاوہ حکومت مہاراشٹر کی جانب سے جسٹس آف پیس اور اسپیشل ایگزیکٹیو مجسٹریٹ کی ذمہ داری سونپی گئی جو قابل ذکر ہے۔

لدھیانہ میں ایک سڑک اور جلسہ گاہ کا نام ساحر کے نام پر رکھا گیا ہے۔ لدھیانہ زراعتی یونیورسٹی نے ایک نیا پھول تخلیق کیا جس کا نام ساحر رکھا۔ ممبئی میں ایک چوک کا نام پدم شری ساحر لدھیانوی چوک ہے۔ نہرو جی کی وفات پر ساحر نے ایک نظم لکھی تھی جسے کرنال کے سٹی پارک میں نہرو جی کے مجسمے کے نیچے کندہ کیا گیا ہے۔

(۳) اسرار الحق مجاز کی آوارہ مزاجی

رفعت سروش

ابھی سے یہ چرچا ہے کہ 2011 ان معنوں میں بڑا ادبی سرگرمیوں کا سال ہوگا کہ اس سال کے دوران ہندی کے تین جیّد شاعروں ----ناگارجن، کیدارناتھ اگروال اور شمشیر بہادر کی صد سالہ سالگرہ کا جشن ہوگا۔ اردو کی حد تک پورے برصغیر میں فیض احمد فیض کی صد سالہ سالگرہ کی تیاریاں جاری ہیں۔ فیض کو جو عوامی مقبولیت حاصل ہوئی وہ اپنے آپ میں ایک تاریخ ہے۔ مگر یہ بھی یاد رکھنا چاہیے کہ فیض اس کہکشاں کا جزو تھے جو ترقی پسند ادبی تحریک نے اجاگر کی تھی۔ اس کہکشاں کے ستاروں میں ایک اہم نام اسرار الحق مجاز کا بھی ہے۔ 2011 مجاز کی صد سالہ سالگرہ کا برس بھی ہے۔

شہر کی رات اور میں ناشاد و ناکارہ پھروں
جگمگاتی جاگتی سڑکوں پہ آوارہ پھروں
غیر کی بستی ہے کب تک در بدر مارا پھروں
اے غمِ دل کیا کروں، اے وحشتِ دل کیا کروں

یہ اشعار نہ جانے ان کتنے لوگوں کے دل کی آواز ہیں جو بمبئی جیسے شہر میں تلاشِ معاش میں آتے ہیں اور ان تھک جدوجہد کے بعد پیٹ کے لئے دو روٹی اور سر چھپانے کے لئے کوئی جھگی جھونپڑی یا کھولی حاصل کرتے ہیں۔ یہ اشعار اس شاعر کے ہیں

جو کبھی علی گڑھ سے جگمگاتے شہر سے دہلی آیا تھا اور اس نے یہ لازوال نظم کہی تھی 'آوارہ'۔ مجاز اردو شاعری کے ترقی پسند دور کا ایک لیجنڈ ہے اور اسے اس کی آوارہ مزاجی بمبئی بھی لائی تھی۔ مشاعرے پڑھنے تو وہ پہلے بھی ممبئی آیا ہوگا مگر ۱۹۴۶ء میں وہ بمبئی آیا اور کئی ماہ رہا۔ اس کی یہ نظم فلمائی بھی گئی۔ وہ ۱۹۴۷ء میں تقسیمِ وطن سے پہلے فسادات کے دوران بمبئی میں تھا۔ اس کی رہائش سیّد سجاد ظہیر کے گھر تھی اور دن کا زیادہ وقت گزرتا تھا سینڈ ھرسٹ روڈ پر واقع کمیونسٹ پارٹی کے دفتر میں۔ زمانہ بہت پُر آشوب تھا۔ مجاز نے بہت پہلے ایک نظم کہی تھی انقلاب پُر امن نہیں خونیں انقلاب مجاز نے تصور کیا تھا کہ ہر جگہ خون کی ہولی کھیلی جائے گی۔ بہت طویل نظم ہے جس کا خلاصہ یہ ہے کہ "مسجدوں میں خوں، کلیساؤں میں خوں، مے خانوں میں خون، شبستانوں میں خوں، کاشانوں میں خوں، گلیوں اور بازاروں میں خوں" اور مجاز نے لکھا کہ خون کی ہولی کھیلتا ہوا۔ آخر کار۔ باہزاراں آب و تاب۔ یخ۔ "وطن کی حریت کا آفتاب"

شاعر کا تصور حقیقت میں بدل گیا۔ اس کی پیشین گوئی صحیح ہوئی۔ لیکن قابلِ ذکر بات یہ ہے کہ جس کے تصور میں اس قدر خونی منظر تھے، جب اس نے اس تصور کو حقیقت میں ہوتے دیکھا اور فسادات کے دوران کمیونسٹ پارٹی آف انڈیا کے دفتر کے نیچے سینڈ ھرسٹ روڈ پر اس کی عقابی آنکھوں نے کئی لوگوں کو اپنے خون میں نہاتے اور غنڈوں کے خنجروں کا نشانہ بن کر دم توڑتے دیکھا تو اس شاعر کا نازک دل ان مناظر کی تاب نہ لا سکا۔ سردار جعفری کا بیان تھا کہ مجاز تقریباً تین روز تک بے ہوش رہے ۴۷ء کے انجمن ترقی پسند مصنّفین کے جلسوں میں مجاز باقاعدہ شریک ہوتے تھے۔ تنقیدی گفتگو میں حصہ لیتے تھے۔ کبھی کبھی جلسوں کی صدارت بھی کرتے تھے مجاز نے اپنی زندگی کا ایک بڑا حصہ ہوش اور بے ہوشی کے درمیان کی ایک عجیب کیفیت میں گزارا۔

آج اگر کہا جائے کہ مجاز نے "پاکستان ہمارا" قسم کا نغمہ لکھا تھا تو شاید کسی کو یقین نہ آئے کیونکہ مجاز بلاشبہ ایک قوم پرست شاعر تھے۔ اور تقسیمِ وطن کے بعد جوش ملیح آبادی جیسا شاعرِ انقلاب تو اپنی 'عاقبت سنوارنے' پاکستان چلا گیا تھا، مگر مجاز جس کے نامۂ اعمال میں 'پاکستان ہمارا' جیسا نغمہ بھی ہے، پاکستان نہ گیا بلکہ اس نے اسی شہر میں جان دی جس کے لئے اس نے کہا تھا:

کچھ دیر کا مسافر و مہماں ہوں اور کیا
کیوں بدگماں ہیں یوسفِ کنعانِ لکھنؤ
اب اس کے بعد صبح ہے اور صبحِ نو مجاز
ہم پر ہے ختم شامِ غریبانِ لکھنؤ

مگر یہ واقعہ ہے کہ یہ نغمہ مجاز کی کتاب 'شب تاب' میں موجود ہے اور میرے علم میں اس کی وجہ تخلیق بھی ہے۔

یہ اوائل ۱۹۴۵ء کی بات ہے۔ یہ دور وہ تھا جب کمیونسٹ پارٹی آف انڈیا نے انڈین مسلم لیگ کے مطابق پاکستان کی حمایت شروع کر دی تھی اور بہت سے مسلم کمیونسٹ رکن اپنے آپ کو مسلم لیگی ظاہر کرنے لگے تھے اور سرگرمِ عمل تھے۔ میں اُن دنوں دہلی میں کسی دفتر میں ملازم تھا، تب غالباً راشننگ آفس میں تھا جس کا دفتر لڈلو کیسل (کشمیری گیٹ کے باہر) تھا۔ اُن دنوں تقریباً روزانہ مجاز سے ملاقات ہوتی تھی۔ کمیونسٹ پارٹی کی اس نئی کروٹ کا یہ اثر تھا کہ کمیونسٹ پارٹی کے ایک غیور کارکن انیس ہاشمی دہلی مسلم لیگ کے سکریٹری ہو گئے تھے۔ کشمیری گیٹ پر ان کا فرنیچر کا شوروم تھا۔ اس پر بڑا بورڈ لگا رہتا تھا "ورما ہاشمی" انیس ہاشمی تقسیم کے بعد پاکستان چلے گئے مگر ان کے دوسرے بھائی حنیف دہلی ہی میں رہے۔ صفدر ہاشمی، جن کو صاحب آباد میں قتل کر دیا گیا تھا اور جن کی یاد میں

'سہمت' ادارہ وجود میں آیا، اسی سلسلے کی ایک کڑی ہے۔

اردو بازار میں ایک نہایت نستعلیق شخص اکثر شام کو نظر آتے تھے اور کامریڈ احمد کے نام سے مشہور تھے، بہت صاف ستھرے لباس میں۔ ہمیشہ شیروانی مع اسی رنگ کی ٹوپی کے پہنتے تھے۔ وہ بھی برملا کہنے لگے تھے کہ میں تو مسلم لیگی ہوں (بعد میں کامریڈ احمد علی گڑھ چلے گئے تھے)۔ یہ سب مجاز کے دوست تھے اور میں مجاز کا دوست، اس لئے مجھے بھی ان سے نیاز حاصل تھا۔

اسی زمانے کی بات ہے کہ اردو بازار (دہلی) میں مسلم لیگیوں نے جلوس نکالا۔ اس جلوس کی قیادت میں ہمارے شاعرِ شباب انقلاب اسرار الحق مجاز بھی شامل تھے اور لہک لہک کر گاتے ہوئے مارچ کر رہے تھے "پاکستان ہمارا، پاکستان ہمارا"۔ اس نغمے کے دو بند تھے اور یہ نغمہ مجاز کے مجموعۂ کلام 'شب تاب' میں شامل ہے۔ 'شب تاب' ۱۹۴۵ء میں آغا سروش قزلباش نے اپنے مکتبہ چمنستان سے شائع کیا تھا اور اس میں تھوڑی سی ترتیب کی تبدیلی کے ساتھ ان کے پہلے مجموعۂ کلام 'آہنگ' کی ہی نظمیں اور غزلیں تھیں۔ اور کچھ تازہ نظم کا اضافہ کر دیا گیا تھا بعد میں معلوم ہوا کہ اس نغمے کا پہلا بند مخدوم محی الدین کا تھا اور دوسرا مجاز نے کہہ کر اسے اپنا لیا تھا۔ بمبئی میں اس امر کی تصدیق مجھ سے ایک ملاقات میں مخدوم نے خود کی تھی۔ کمیونسٹ پارٹی اور مسلم لیگ کا یہ نظریاتی اتحاد بعد میں بہت واضح ہو کر سامنے آگیا۔ کمیونسٹ پارٹی کے اردو ہفتہ وار 'قومی جنگ' میں اس موضوع پر مضامین چھپنے لگے تھے اور ہم شاعروں سے بھی کہا گیا تھا کہ الیکشن کے حوالے سے اس موضوع پر لکھو۔ چنانچہ میں نے بھی "ووٹ کس کو دیں" نظم کہی تھی جو پارٹی کے اخبار 'نیا زمانہ' میں شائع ہوئی تھی۔ اس کا آخری شعر مجھے اب تک یاد ہے:

جس کے لب پر نغمۂ آزادیِ انسان ہو

نغمۂ آزاد ہندستان و پاکستان ہو

یہ نغمہ 'پاکسان کا ملّی ترانہ' کے عنوان سے شائع ہوا تھا۔ اس وقت میرے سامنے صہبا لکھنوی (ایڈیٹر 'افکار' کراچی) کی مرتّب کتاب 'مجاز: ایک آہنگ' ہے اور اس کے 57 اور 58 صفحات پر یہ نغمہ چھپا ہے۔(بحوالہ 'شب تاب')۔

آزادی کی دھن میں کس نے آج ہمیں للکارا
خیبر کے گردوں پر چمکا ایک ہلال اک تارا
سبز ہلالی پرچم لے کر نکلا لشکر سارا
پربت کے سینے سے پھوٹا کیسا سرکش دھارا
سرمائے کا سوکھا جنگل اس میں سرخ شرارا
پاکستان ہمارا / پاکستان ہمارا
پاکستان ہمارا
روک سکا ہے کوئی دشمن کب طوفان ہمارا
ہر ترک اپنا، ہر حُر اپنا، ہر افغان ہمارا
ہر شخص اک انسان یہاں ہے، ہر انسان ہمارا
ہم سب پاکستان کے غازی، پاکستان ہمارا
پاکستان ہمارا
پاکستان ہمارا
پاکستان ہمارا

اہلِ نظر ان دونوں بندوں میں لفظیات کا فرق محسوس کر سکتے ہیں۔ پہلے بند میں 'سرخ شرارا' مخدوم کے رنگِ سخن کی طرف اشارہ کرتا ہے۔ مخدوم کی مشہور نظم ہے

'سرخ سویرا'۔

لو سرخ سویرا آتا ہے آزادی کا آزادی کا
گگن ترانہ گاتا ہے آزادی کا آزادی کا

مخدوم کے مجموعۂ کلام کا نام ہی 'سرخ سویرا' ہے۔

مجاز کے یہاں تہذیبی قدروں کا احترام ہے اور مجاز کا مخصوص لفظ 'ترک' بھی اس بند میں موجود ہے۔ ان کے یہاں یہ لفظ بہادری کے ساتھ جمالیات کا رنگ بھی لئے ہوئے ہے:

'صبر آرا ہے غمزۂ ترکانِ لکھنؤ'

مجاز کو اپنی شاعری سے عشق تھا۔ وہ شعر کہہ کر یہ سوچتے تھے کہ ادیبوں کے مختلف حلقوں میں اسے کس نظر سے دیکھا جائے گا۔ ایک بار مجھ سے انھوں نے کہا کہ میں عشق بھی کرتا ہوں تو اپنی شاعری کے لئے، اپنے فن کی تب و تاب کے لئے۔

ایسا نہیں ہے کہ مجاز افلاطونی عشق کرتے تھے اور بس ایک ہی محبوب کو اپنا ملجا و ماویٰ کہتے تھے۔ ٹھیک ہے، اس نے عشق کیا، چوٹ کھائی، مگر وہ اس کے لئے مجنوں بن گئے ہوں، ایسا نہیں ہے۔ وہ حسن پرست تھے اور حسن سے حظ اٹھانا اپنا پیدائشی حق سمجھتے تھے۔

بمبئی کی ایک شام یاد آرہی ہے۔ مجاز کو اپنے ایک گانے کے کچھ روپے ملے تھے۔ دل کھول کر خرچ کرنے والے تو وہ تھے ہی، ہم دونوں فلورا فاؤنٹین کے علاقے (حالیہ ہتاتما چوک) گھوم رہے تھے۔ رات کے گیارہ بجے ہوں گے۔ وہ علاقہ کافی رنگین ہے اور وہاں خاموش دیواروں کے پیچھے فلیٹوں میں رنگینیاں بھی بکتی ہیں۔ ہم دونوں کھڑے تھے۔ ایک 'بروکر' آیا اور اس نے 'اینگلو انڈین مال' دلانے کا اشارہ کیا۔ مجاز راضی ہو

گئے۔ لیکن بات اٹک گئی، اونچے دام پر۔ جیب میں جو کچھ تھا وہ ہم دونوں کی کفالت نہیں کر سکتا تھا۔ بولے چلو روپے لے آتے ہیں، میرے پاس رکھے ہیں، مگر میں نے ان کی محبت شکنی کی اور وہ آئی بلا ٹل گئی۔

مجاز سراسر عشق تھے۔ حسن پرست تھے۔ بمبئی میں وقتی طور پر وہ ایک اور 'گل' پُر بہار کی خوشبو کے اسیر ہو گئے تھے۔ لیکن تنگیِ داماں نے انھیں محرومی سے ہی ہمکنار کیا۔

مجاز اردو شاعری کے ایک نہایت طرحدار دور کی آبرو تھے۔ وہ اپنی زندگی میں ہی لیجنڈ بن گئے تھے۔ (کتاب سے اقتباس)

(۴) قرۃ العین حیدر کے ادبی اور شخصی رویے ایک ذاتی تاثر

دردانہ قاسمی

علی گڑھ میں ان کے قیام کے دوران ان کے ساتھ زیادہ سے زیادہ وقت گزارنے کا موقع ملا ادب کے طالب علموں سے مل کر وہ اپنے آپ کو مطمئن اور خوش و خرم محسوس کرتی تھی ان کی کلاس میں ادبی محفل، علمی گفتگو اور بحث و مباحثہ کا ماحول قائم کر دیا کرتی تھیں وہ اکثر نوجوان لڑکے لڑکیوں کے مطالعہ نہ کرنے بالخصوص فکشن کی روایت سے بے خبر ہونے کا شکوہ کیا کرتیں مجھے یاد آتا ہے کہ انہوں نے اپنے زمانہ قیام میں علی گڑھ میں فکشن کے مطالعے اور مقبول فکشن لکھنے والوں کے قارئین کی تعداد کے سلسلے میں ایک بڑا اہم سروے بھی کرایا تھا اس سروے کا دائرہ صرف اردو کے طلبہ اور اساتذہ کے بجائے مختلف شعبہ جات کے طلبہ اور اساتذہ تک پھیلا ہوا تھا ان کا ارادہ تھا کہ وہ اس سروے کے نتائج کو مضمون کی شکل میں اردو اور انگریزی دونوں زبانوں میں شائع کرائیں گی اگر یہ سروے شائع ہوتا تو شاید بہت کار آمد ہو سکتا تھا انہوں نے شعبۂ اردو سے وابستگی کے زمانے میں ایک اور اہم کام مسلم یونیورسٹی کے شعبۂ اردو کی تاریخ مرتب کرنے کو بھی بذات خود انجام دیا چونکہ ان کو اپنے والد بزرگوار سجاد حیدر یلدرم کے سبب اس شعبے سے غیر معمولی دلچسپی تھی انہوں نے ایسے شواہد اکٹھے کئے جن سے اندازہ ہوتا تھا کہ 1920 کے بعد کئی سال تک یونیورسٹی کے پہلے رجسٹرار کی حیثیت سے یلدرم نے نئے قائم شدہ شعبۂ اردو کے صدر ہونے کے بھی فرائض انجام دیئے تھے۔ جیسا کہ عرض کیا

جا چکا ہے کہ عینی آپا اپنی نازک مزاجی کے لئے مشہور بھی رہی ہیں اور بعض لوگوں کی نظر میں معتوب بھی مگر سچ یہ ہے کہ وہ جس خاندان کی چشم و چراغ تھیں اور خاندانی پرورش و پرداخت کے نتیجے میں جس قسم کے آداب اور تہذیبی اقدار ان کے مزاج کا حصہ بن گئے تھے ان کے زیر اثر سطحیت اور آداب ولحاظ سے لوگوں کی بے اعتنائی ان کو مشتعل کر دیتی تھی بہت سے لوگوں کی سمجھ میں یہ بات نہیں آتی کہ وہ ایک ساتھ مشرقی تہذیب کی دل دادہ بھی تھیں اور مغربی تعلیم اور تہذیب کی نمائندہ بھی۔ مگر شاید ان دونوں باتوں میں کوئی تضاد نہیں جہاں تک رہن سہن حفظ مراتب، معاصرین اور ہم سفر ادیبوں کے پاس اور لحاظ کا سوال ہے تو وہ ان معاملات میں پوری طرح مشرقی طور پر طریقے اپناتی تھیں اور روشن خیالی، علوم وفنون اور بالخصوص خواتین کے علمی اور تہذیبی معاملات میں مردوں کی برابری کا جہاں تک سوال ہے تو وہ ان معاملوں میں پوری طرح مغربی طرز فکر کی نمائندگی کرتی تھی وہ محض ایک افسانہ نگار اور ناول نگار نہیں بلکہ ممتاز عالمہ اور دانش ور بھی تھیں انہوں نے خود کو کبھی گھریلو قسم کی خاتون نہیں بننے دیا وہ چھوٹی چھوٹی گھریلو ذمے داریوں کے معاملے میں بھی گھریلو ملازم یا ملازمہ کی دست نگر رہا کرتی تھی ایسا لگتا تھا کہ دنیا کی عملی سوجھ بوجھ بھی ان کے اندر برائے نام ہی تھی ان میں کچھ ایسی خود اعتمادی تھی کہ ان کو قریب سے جانے بغیر اندازہ ہی نہیں لگایا جاسکتا تھا کہ وہ دنیاوی معاملات میں کس قدر سادہ لوح تھیں کبھی کبھی اچانک ان پر انکشاف ہوتا کہ فلاں شخص جس کو وہ عرصے سے قابل اعتبار سمجھ رہی تھیں وہ بڑا ہی بے اعتبار ہے اور بھروسے کے قابل نہیں۔ اس کے بالکل برخلاف بعض لوگوں کی سوجھ بوجھ اور دوراندیشی بھی کبھی کبھی اچانک ان پر منکشف ہوتی تھی۔ یہی وجہ ہے کہ میں اور میرے علاوہ جو طالبات ان کے علی گڑھ کے زمانہ قیام میں ریسرچ کر رہی تھیں ان کے بارے میں عینی آپا کی رائے

تبدیل ہوتی رہتی تھی وہ ہندی برائے نام جانتی تھیں اس لئے ہندی میں کوئی دفتری خط آ جاتا تو ہم لوگوں سے پڑھواتی تھیں اگر کسی طرح پڑھ بھی لیتیں تو بہت سے الفاظ ان کی سمجھ میں نہیں آگے تھے مگر ہم میں سے اگر کسی کو اچھی انگریزی یا عربی یا فارسی آتی تو وہ بے حد خوشی کا اظہار کرتی تھیں۔ فارسی تو خیر وہ بھی اچھی طرح سمجھ لیتی تھیں مگر عربی کے مصادر اور لفظی تبدیلیوں کو سمجھنے کی ہمیشہ خواہش مند رہتی تھی اور جو سمجھ سکتا تھا اس پر رشک کرتی تھیں۔

عینی آپا اپنے مزاج کی افراط و تفریط کے باوجود بعض و تفریط کے باوجود بعض معاملات میں بہت سخت گیر اور چوکنا رہتی تھیں۔ اپنے خاندان کے شکوہ اپنے والدین کی عظمت، اپنی عمر اور اپنی تاریخ پیدائش کے معاملے پر وہ کسی طرح کی مفاہمت گورا نہیں کرتی نہیں۔ اپنی عمر کے بارے میں ہر وقت انہیں اندیشہ اندیشہ لگا رہتا تھا کہ کوئی ان کا سال پیدائش 1928 سے پہلے کا نہ لکھ دے۔

اس کا مجھے ذاتی طور پر تجربہ اس وقت ہوا جب پروفیسر ثریا حسین نے شعبے کی طرف سے سجاد حیدر یلدرم پر ایک سیمینار کا انعقاد کرایا چونکہ اس سیمینار کی منتظم میری نگراں تھیں اور یلدرم میرا موضوع تھے اس لئے سیمینار کے موقع پر جو تعارفی کتابچہ چھپا وہ مجھ سے لکھوایا گیا تھا۔ اتفاق سے اس زمانے میں وہ اپنے کسی اہم ناول کو آخری شکل دینے میں بہت زیادہ مصرف تھیں تاہم انہوں نے ثریا آپا کی دعوت قبول کی اور تقریباً ہفتہ بھر پہلے علی گڑھ شریف لے آئیں۔ کتابچے کا مسودہ جب ان کو دکھایا گیا تو اس میں یلدرم کی صاحب زادی قرۃ العین حیدر کا سال پیدائش 1926 لکھا تھا یہ دیکھ کر وہ چراغ پا ہو گئیں وہ چونکہ مجھ سے خوب واقف تھیں اسلئے شاید ان کو یہ توقع نہ تھی کہ ان سے تصدیق کرائے بغیر میں صرف دوسری تحریروں پر انحصار کروں گی۔ چنانچہ مجھے بلوا کر

انہوں نے مجھ سے اس طرح بات کرنی شروع کی جیسے پہلے سے ان سے کوئی راہ وہ رسم ہی نہ رہی ہو انہوں نے 1926 کے سال کو بہ اصرار غلط قرار دیا میں نے ثبوت کے طور پر فوراً رسالہ "پگڈنڈی" کا یلدرم پر کام کرنے والے کسی بھی شخص کے لئے اس وقت بنیادی حوالے کی حیثیت رکھتا تھا میں نے بعض اور بھی حوالے دیئے مگر وہ نہیں مانیں۔ میرا کیا تھا۔ یلدرم پر اگر کوئی تاریخی دستاویز موجود تھی تو وہ رسالہ "پگڈنڈی" کا یلدرم نمبر ہی تھا یا پھر پاکستان میں سید معین الرحمان نے یلدرم کے نمائندہ افسانوں کا ایک مجموعہ شائع کرایا تھا ویسے ادب لطیف پر ڈاکٹر عبدالودود کی کتاب اس سے کچھ عرصے پہلے منظر عام پر آئی تھی مگر اس کتاب میں چونکہ تمام رومانی نثر نگاروں کی تحریروں کو زیر بحث لایا گیا تھا اس لئے خصوصیت کے ساتھ سجاد حیدر یلدرم پر توجہ صرف نہیں کی گئی تھی ان کی تحریروں کا ذکر تو تھا مگر کسی افسانے یا انشائیے کا تجزیہ کرنے کی کوشش نہیں کی گئی تھی بعد میں جب 1980 میں یلدرم صدی تقریبات منائی گئیں تو اس موقع پر اور اس کے بعد بعض اور بھی کتابچے اس موضوع پر منظر عام پر آئے مگر بعد کے زمانے میں چھپنے والے رسائل میں قرۃ العین حیدر کے سوانحی ناول "کار جہاں دراز ہے" کے حوالے شامل ہونے لگے تھے مگر یہ کہے بغیر نہیں رہا جاسکتا کہ قرۃ العین حیدر یلدرم کی صاحب زادی تھیں اور ان کی تحریریں کم از کم اپنے خاندان کے بارے میں جانب داری سے بلند نہیں ہو سکتی تھیں ان تحریروں میں اپنے خاندان، بزرگوں کی انگریزی دانی، خواتین کی روشن خیالی اور ان کا وائلن اور ستار بجانے کا مشغلہ موسیقی سے دلچسپی اور آزادی نسواں کے بارے میں ان کی والدہ اور دوسری خواتین کے مبالغہ آمیز خیالات کو بعض لوگ عینی آپا کے رومان پسند ذہن کے شاخسانے کا نام دینے سے بھی باز نہ آئے اور یوں بھی کوئی حقیقت پسند محقق اس طرح کی مثالی باتوں کو مغربی تہذیب کے فیشن کی دل دادگی اور

مسلمانوں میں سب سے زیادہ روشن خیال اور اعلی طبقے کی نمائندگی کرنے پر اصرار کے علاوہ کوئی اور نام دے بھی نہیں سکتا۔ عینی آپا اپنے والد بزرگوار کے ادبی رجحان کی ایسی دل دادہ تھیں کہ وہ ادبِ لطیف کے نمائندوں یا رومانی نثر نگاروں کی تحریروں کو عموماً تحسین کی نظر سے دیکھتی تھیں یہی نہیں وہ اپنے طرز تحریر پر رومانی نثر کا لیبل لگائے جانے سیر بھی نہ صرف یہ کہ ناپسندیدگی کا اظہار کرتی تھی بلکہ اسے اپنے لئے قابل امتیاز بات تصور کرتی تھیں قرۃ العین حیدر کے بعض افسانوں اور ناولوں کے مطالعے سے مجھ پر اول اول یہی تاثر قائم ہوا تھا کہ وہ بنیادی طور پر رومانی لب و لہجے اور تاثراتی اسلوب کی ادیبہ ہیں خود انہوں نے ایک جگہ لکھا ہے کہ میری ابتدائی تحریروں پر لوگوں کو انشائیہ سے قریب ہونے کا گمان ہوا تھا اس موقع پر وہ کہنا شاید غلط نہ ہو گا کہ یلدرم کا رومانی انداز تحریر ہو یا انشائیہ نگاری کا رجحان کسی نہ کسی روپ میں اس کا اثر قرۃ العین حیدر کے انداز فکر پر بھی پڑا اور ان کے اسلوب تحریر پر بھی۔

عینی آپا ایک تخلیق کار تھیں اس لئے ان سے کسی محقق یا تنقید نگار جیسی مثالی غیر جانب داری کی توقع کرنا شاید حق بجانب بھی نہ ہو حقیقت یہ ہے کہ تخلیق کار چونکہ اپنے مزاج اور تخلیق دانش کی رہنمائی میں ہنر مندی کے جوہر دکھاتا رہتا ہے اس لئے غیر جانب داری اور معروضیت کی پابندی اس پر عائد بھی نہیں کی جاسکتی اور نہ کبھی اس کی فن کارانہ آزادی کسی خارجی دباؤ کے زیر اثر پروان چڑھ سکتی ہے۔

(۵) قمر رئیس کی شاعرانہ شخصیت

ڈاکٹر فرید پربتی

وادی غیر کے باغوں سے گزرتا جب بھی دشت میں تیرے خیالوں کے بھٹک جاتا تھا کبھی میں خاک اُڑاتا، تیرے گلیاروں میں کبھی جامن کے کسی پیڑ پہ چڑھ جاتا تھا جھولتا تھا، کبھی برگد کی جٹاؤں میں کبھی جنگلی بیروں کی شاخوں میں اُلجھ جاتا تھا پھر کسی تال تلیا میں سنگھاڑے چننا کچی اَمیاں ہوں کہ امرود، نگل جاتا تھا اے وطن ! نقرئی یادوں کے چمن قمر رئیس کی بہت سی نظموں کو ان کی "آپ بیتی" کے مختلف ابواب کہے جاسکتے ہیں۔ ان کی کئی نظموں کو اگر ایک ترتیب کے ساتھ پیش کیا جائے تو ان کی زندگی کے بہت سے پہلو ایک سوانحی خاکے کی طرح بھرپور انداز میں سامنے آئیں گے۔ اس طریق کار میں وہ فیض اور اختر الایمان کی بجائے خلیل الرحمن اعظمی کے بہت قریب ہو جاتے ہیں۔ خلیل الرحمن اعظمی کی طرح ان کی بیشتر نظموں میں اعترافیہ پہلو سب سے زیادہ نمایاں ہے۔ خلیل الرحمن اعظمی اور قمر رئیس کی شاعری میں البتہ بنیادی فرق یہ ہے کہ اوّل الذکر کی اعترافیہ شاعری حزن و ملال پر ختم ہو جاتی ہے جبکہ قمر رئیس کی نظمیں بھرپور اعتماد اور حرکی پہلو بھی ختم ہو جاتی ہے۔ خلیل الرحمن اعظمی کے یہاں حصول کے بعد تلاش ختم ہو جاتی ہے جبکہ قمر رئیس کے یہاں تلاش اور جہد مسلسل ہی زندگی کا اصل مقصد ہے بقول خلیل الرحمن اعظمی

یوں تو مرنے کے لئے زہر سبھی پیتے ہیں

زندگی تیرے لئے زہر پیا ہے میں نے (آپ بیتی)

البتہ قمر رئیس کے یہاں عزم، حوصلہ اور اعتماد و زندگی پرست رجحانات پر دلالت کرتا ہے۔ قمر رئیس اپنی نظموں میں کہیں تصورِ زمان و مکان کو بھی پیش کر دیتے ہیں۔ جس سے ان کی نظموں کا کینواس وسیع سے وسیع تر ہو جاتا ہے۔ اقبال کی طویل نظموں میں بھی تصورِ زماں و مکاں مل جاتا ہے۔ اقبال کے نزدیک عصر رواں ہی اصلِ حیات ہے جبکہ قمر رئیس کے یہاں ماضی ہی سب کچھ ہے اور حال اور مستقبل کو جہد مسلسل کے ذریعے خوبصورت بنایا جاسکتا ہے البتہ وہ جوش کی طرح زندگی کا مقصد خالصتاً حصول قوت نہیں گردانتے ہیں۔ سحر ہو، شام ہو، دن ہو زر افشاں وادیاں ہوں یا مشینی کارخانے ہوں یہ پیہم رقص کرتے ہیں جو تھک جاتے ہیں دھرتی کو لپیٹ کر ایک لمبی نیند بھرتے ہیں اگر پوچھو تو کہتے ہیں "یہی جینا، یہی مرنا" یہی ہے زندگی کرنا....... سراب دستِ امکاں وہ ایثارِ عمل / جو اس زمین کے اور انسانی وراثت ہے / جو ہم پر قرض ہیں / ان کو چکا جائے عبادت ہے۔ (نظم) عبادت قمر رئیس کی نظموں کی ایک اور خصوصیت جو فوری طور متوجہ کرتی ہے۔ وہ روایتوں اور قدروں کا احترام ہے۔ وہ قدروں کی پاسداری کو زندگی کا لازمی جزو قرار دیتے ہیں اور ان کی شکست و ریخت اور لایعنیت پر نوحہ کناں ہیں۔ یہ چیز انہیں فیض اور اختر الایمان سے بالکل الگ کرتی ہے۔ ان کو اپنی قدروں سے بے انتہا محبت ہے اور اپنی دھرتی سے مضبوط رشتہ رکھتے ہیں۔ وہ اپنی قدروں کو اس قدر عزیز رکھتے ہیں کہ انہیں خامیوں اور خوبیوں کے سمیت قبول کرتے ہیں۔ آج سکی جو اکی بستی میں اک صدا میرے کان میں آئی صاف شیریں، متین اور مانوس مڑ کے دیکھا کہ صحنِ مسجد میں ایک موذن اذان دیتا ہے مست لہروں کی گود میں جیسے صبح دم رات کا تھکا ہارا کوئی ملّاح گنگناتا ہو خود ہی سنتا ہو، خود ہی گاتا ہو (صدائے مانوس) یا دیس دیس کی خاک اُڑائی / سیر کدوں

میں دھوم مچائی / شور بھرے جلسوں / میخانوں کی رنگین فضاء سے دور / چین اگر پایا ہے دل نے / زرتشی معبد کے آتش خانوں میں / پاکیزہ روشن گرجوں میں / / مریم اور اس کے بیٹے کی الوہی اور معصوم نگاہوں میں / دو پھیلی باہوں کی طرح / سجدہ گہہ اسلام کی دلکش محرابوں میں / بدھ بھگوان کے مٹھ مندر میں / / اشٹھ دھات کے گھنٹوں کی جادوئی آواز میں / ان بے خود کر دینے والے امن و امان کے ایوانوں میں عرفانی میخانوں میں / دل میں اُترنے والے نغموں / / اور پر کیف مناجاتوں میں / / ایک انوکھا راحت کا احساس ہوا ہے نظم (ماں) قمر رئیس جشنِ زندگی (Celebrations of life) کے سچے ترجمان ہیں۔ ان کی شاعری میں موجود بصری، سمعی، لمسی، سامعی پیکروں سے اس کی حقیقی اظہار ہوتا ہے۔ البتہ ان کے یہاں بصری پیکر وافر تعداد میں پائے جاتے ہیں۔ جس سے ان کی ذکی الحسی کے ساتھ ساتھ ان کے زندگی پرست ہونے کا صحیح اندازہ لگایا جاسکتا ہے۔ ان کی نظموں میں وجود بصری پیکروں سے اس کی صحیح ترجمانی ہوتی ہے۔ ان کی نظموں میں عمومیت کے ساتھ اس طرح کے الفاظ تکرار کے ساتھ ملتے ہیں۔ شعلہ، بدن، زینہ، قدم، ماہ و سال، جسم و جاں، بازار، دلدل، طوق، تماشہ گاہ، آغوش، لنگر، سانس، ہوا، ساگر، تھپیڑا، طوفان، گرداب، دودھ، رنگ، دھوپ، بادل، دھاگہ، زمین، ہاتھ، سورنا، لکیر، موسم، دشت وغیرہ۔ اس طرح ان کی نظموں میں موجود کشادہ منظری سے ان کے زندگی پرست رجحان اور ہوش مندی کی واضح عکاسی ہو جاتی ہے۔ قمر رئیس نے اپنی نظموں کی اثر آفرینی میں مزید اضافہ کرنے کے لئے اپنے اطراف وجوانب میں پھیلے ہوئے خوبصورت مناظر کی عکس بندی بھی کی ہے۔ یہ کام ہمارے مرثیہ نگار بھی اپنے بیاں کو زیادہ سے زیادہ موثر بنانے کے لئے کر چکے ہیں۔ ان کے یہاں کلیت ہے البتہ قمر رئیس کی نظموں میں جزئیات ہے۔ اس سے ان کی شاعری میں محاکاتی کیفیت پیدا ہو

گئی ہے۔ قمر رئیس کی شاعری میں تازگی، لطافت کے علاوہ ایک طرح کا بانکپن بھی موجود ہے جو ان کی نظموں میں صلابت پیدا کر دیتا ہے۔ یہ دراصل ان کی زندگی پرست رجحان کی دین ہے۔ یہ رویہ ان کی غزلوں میں زیادہ کھل کر سامنے آتا ہے۔ ہم بھی ہیں کفن سر پہ اٹھائے ہوئے احساں جلدی تھی تمہیں ورنہ سرِ دار تو سب ہیں دیکھیں گے بنے شیشۂ جاں کس کا نشانہ پتھر لئے یوں درپے آزار تو سب ہیں قمر رئیس نے اپنے تخلیقی اظہار کے لئے عموماً طویل نظموں کی ہیئت کو اپنایا ہے مگر جہاں کہیں انہوں نے اطناب کی بجائے ایجاز اور اختصار بیانی سے کام لیا ہے وہاں ان کے تخلیقی جوہر زیادہ کھل کر سامنے آئے ہیں۔ صدائے مانوس ایک ایسی ہی نظم ہے جس میں اختصار اور ایجاز کے باوصف تخلیقی جوہر کھل کے سامنے آئے ہیں۔ قمر رئیس کی شاعرانہ شخصیت اتنی تاب ناک، پر اعتماد اور ثروت مند ہے کہ وہ اپنی انفرادیت چاہے لفظیاتی سطح پر ہو یا موضوعاتی سطح پر، چاہے فنی ایجاز اور فکری صلابت کی بناء پر ہر جگہ اپنی انفرادیت کا لوہا منوانے میں کامیاب ہوئی ہے اور ان کی تخلیقی شخصیت قد اور نقاد، کامیاب مترجم یا دانشور کو اپنے اوپر کسی بھی صورت میں حاوی ہونے نہیں دیتی ہے۔ اس طرح قمر رئیس کی جو شخصیت ان کی شاعری میں ابھر کر سامنے آتی ہے وہ ایک روایت شکن کی بجائے روایت پرست، جمالیاتی ذوق رکھنے والے اور صالح قدروں کو حرز جاں بنانے والے کی شخصیت ہے یہی ان کی صحیح حقیقی اور بھرپور تصویر ہے۔

(٦) اردو ڈراما اور پروفیسر محمد حسن

انیس اعظمی

ہر مہذب معاشرہ، ڈرامے کو ادب کی ایک بے حد ضروری، دلکش، دلچسپ اور بے پناہ مقبول صنف تسلیم کرتا ہے، جو انسانی شعور کی گہرائیوں میں غوطہ لگا کر جذبات کو بیدار کرتا ہے اور ہر دور میں، معاشرے کو آئینہ دکھانا، اپنا فرض سمجھتا ہے۔

ظ۔ انصاری مرحوم نے جنھیں ڈرامے اور اسٹیج سے خاصا عشق تھا، ممبئی کے مشہور روزنامہ "انقلاب" میں "ڈرامے سے مت ڈرو" عنوان سے اپنے اداریے میں انھوں نے اس بات پر زور دیا تھا کہ "ڈراما وہ صنف ہے جس کی ترقی سے کسی زبان، ادب اور کسی قوم کی ترقی کا اندازہ کیا جاتا ہے۔"۔ تمام اصنافِ ادب کی طرح ڈراما بھی کسی بھی معاشرے کو سمجھنے اور اس معاشرے کی تہذیب، زبان، مزاج، مذاق اور حالات سے آگاہ ہونے میں مزید معاون ثابت ہوتا ہے۔

اس میں کوئی شبہ نہیں کہ اردو زبان و ادب میں بھی ڈرامے کی ایک مضبوط روایت رہی ہے، لیکن اسی کے ساتھ یہ بھی حقیقت ہے کہ یہ روایت تھیٹر میں اتنی مضبوط نہیں رہی۔ ڈرامے تو لکھے جاتے رہے، ان پر گفتگو بھی ہوتی رہی، لیکن انھیں اسٹیج کرنے کے جتن سے ہم اپنا دامن بچاتے رہے۔ مطلب یہ کہ ہم گڑ کھاتے رہے اور گلگلے سے ہمارا پرہیز بدستور جاری رہا، اور ہے۔ میں اپنی اس بات کو کئی دلیلوں کے ساتھ پیش کر سکتا ہوں لیکن یہ موقع مناسب نہیں۔

ڈرامے کے حوالے سے اگر کہا جائے کہ مغلیہ دورِ حکومت میں ہی اس کی بنیاد کمزور رہ گئی، جہاں سے ہماری روایتوں نے حسین سانچوں میں ڈھلنا شروع کیا، اور بعد ازاں ہمارے ادب، ہمارے شاندار فنونِ لطیفہ کی دلکش عمارت تیار ہوئی۔ مغلیہ دورِ حکومت میں فنونِ لطیفہ کو خوب فروغ پہنچا اور اس کے حسین صنم سنوارے اور تراشے گئے۔ آپ خود غور فرمایئے کہ اس دور میں، تاریخ نویسی، رقص، شاعری، داستان گوئی، مصوری، منطق، موسیقی، سنگ تراشی، عمارت سازی، کوزہ سازی، میناکاری، باغبانی اور گائیکی غرض کہ ہر صنف پر توجہ دی گئی اور خوب دی گئی، لیکن ڈرامے اور تمثیل کی جانب کسی کا دھیان نہ گیا اور نہ کسی نے اس کی سُدھ لی۔ سُدھ لی تو واجد علی شاہ نے اور تب، جب مغلیہ سلطنت سمٹتے سمٹتے قلعۂ معلیٰ کی بے جان دیواروں میں محصور ہو کر رہ گئی تھی۔ اسی دور میں اور اسی شہر میں اردو ڈرامے کی عمارت کی سنگِ بنیاد کی پہلی اینٹ، امانت لکھنوی نے "اندر سبھا" کی شکل میں رکھی، جس کے نصیب میں غیر معمولی عوامی مقبولیت لکھ دی گئی تھی۔

اگلے ہی موڑ پر پارسی تھیٹر نے جو اصل میں گجراتی تھیٹر تھا اور جسے پارسیوں نے لپک لیا اور فوراً ہی اردو کا جامہ پہنا دیا، اسے آغا حشر کاشمیری جیسے دیو قامت ادیب، شاعر اور ڈراما نگار کی رفاقت نصیب ہوئی، جن کے بلند بانگ مکالموں اور شاعرانہ اثر انگیزی کی بدولت، اردو ڈراما اپنے عروج کو پہنچا۔

ڈرامے کے حوالے سے یہ اردو ادب کا المیہ ہے کہ جب اردو ڈرامے کا اسٹیج عروج پر تھا تو اس کا رشتہ ادب سے، ذرا دور دور کا رہا، اور جب ڈراما ادب کے حدود میں داخل ہوا، تو اس کے ہاتھوں سے اسٹیج جاتا رہا۔ اس حقیقت سے انکار نہیں کیا جاسکتا کہ ڈراما محض پڑھنے کی چیز نہیں، جب تک یہ اسٹیج نہیں ہو گا اسے ادھورا ہی تسلیم کیا جائے گا۔ اس کے

اسٹیج ہونے کے ساتھ ہی اس کی خوبیاں اور خامیاں واضح ہوتی ہیں لہٰذا اس کا اسٹیج ہونا اشد ضروری ہے۔ اگر ہم، آزادی کے بعد کے اردو ڈراما نگاروں کی فہرست تیار کریں تو یقیناً ان کی تعداد، سینکڑوں پر جا کر رُکے گی بلکہ اس سے تجاوز کر جائے گی۔ لیکن کتنے ڈرامے اردو میں ایسے لکھے گئے جنھیں نامور ہدایت کار نصیب ہوئے اگر ہم ایسے ڈراموں کی فہرست بنائیں تو محض چند نام انگلیوں پر آکر سمٹ جائیں گے۔ مثال کے طور پر اسٹیج پر کامیابی کے ساتھ پیش کیے جانے والے ڈراموں میں جن کی زبان اردو تھی اور جن کے شوز بار بار ہوتے رہے، ایسے ڈراموں میں، حبیب تنویر کا "آگرہ بازار"، سریندر گلاٹھی کا "شاباش انارکلی"، ایس۔ ایم۔ مہدی کا "غالب کون ہے ؟"، سریندر ورما کا "چھوٹے سید بڑے سید"، شیلا بھاٹیہ کا "درد آئے گا دبے پاؤں"، اصغر وجاہت کا "جس لاہور نئیں ویکھیا"، بھیشم ساہنی کا "ہانُش" یا "معاوضے"، جاوید صدیقی کے ڈرامے "تمھاری امرتا"، "سونیا کے نام" اور "بیگم جان"۔ ترپُراری شرما کا "عزیزن، سن ستاون کا قصہ"۔ اس قصے کو ہم یہیں چھوڑتے ہیں اور ہم رُخ کرتے ہیں پروفیسر محمد حسن صاحب کی طرف۔

پروفیسر محمد حسن ہمارے دور کے بے حد اہم اور ممتاز نقادوں اور دانشوروں میں شمار کیے جاتے ہیں۔ ملک کی کئی اہم یونیورسٹیوں میں انھوں نے منصبِ تدریسی کے فرائض کچھ اس انداز سے انجام دیے ہیں کہ ان کے شاگرد، آج چاہے وہ کسی بھی اہم مقام یا منصب پر کیوں نہ ہوں، اس بات کا انھیں فخر ہے کہ پروفیسر محمد حسن ان کے استاد تھے اور وہ ان کے شاگرد ہیں۔ پروفیسر محمد حسن اصولوں کے پابند، بے حد خوبیوں اور صلاحیتوں کے مالک ہیں۔ اپنی زندگی کے منظر نامے میں یقیناً اِنھوں نے ایسے ایسے کارنامے سرانجام دیے ہیں جن پر اچھے اچھوں کو رشک ہوتا ہے۔ بحیثیت نقاد بلکہ بحیثیت ترقی پسند مارکسی نقاد، بحیثیت استاد، بحیثیت دانشور، بحیثیت شاعر، بحیثیت صحافی، بحیثیت

خاکہ نگار، بحیثیت محقق، بحیثیت فیچر نگار، بحیثیت گائڈ، بحیثیت مدیر اور بحیثیت ڈراما نگار اپنے منفرد لب و لہجے اور Commitment کی وجہ سے پروفیسر محمد حسن کو ہمیشہ احترام کی نگاہ سے دیکھا گیا ہے۔ اردو ڈراما اور اردو ڈرامے کے فروغ کے حوالے سے، ان کے سرور کار کی وجہ سے، ان کا نام کئی دہائیوں سے اس سلسلے میں سرِ فہرست رہا ہے۔

ڈرامے سے پروفیسر محمد حسن کا عشق طالب علمی کے زمانے سے ہی تھا۔ 1954 میں جب علی گڑھ مسلم یونیورسٹی میں آپ استاد مقرر ہوئے اور درس و تدریس کے فرائض کو سر انجام دیتے ہوئے آپ نے "اردو تھیٹر" نام سے ایک ڈراما گروپ قائم کیا۔ 1963 تک آپ علی گڑھ میں مقیم رہے اور اس اثنا میں آپ نے "اردو تھیٹر" کے بینر تلے کئی ڈرامے اسٹیج کیے، جس کے مختلف ڈراموں کے شو نہ صرف علی گڑھ میں بلکہ نینی تال اور حیدرآباد کے علاوہ دیگر شہروں میں بھی اسٹیج ہوئے۔ جس زمانے میں پروفیسر محمد حسن صاحب نے اپنا ڈراما گروپ "اردو تھیٹر" قائم کیا اُسی زمانے میں اردو ڈراما اسٹیج کرنے والوں کے کئی گروپ وجود میں آئے اور اتفاقاً اُن کے نام بھی "اردو تھیٹر" سے ملتے جلتے تھے۔ مثلاً قدسیہ زیدی کا "ہندوستانی تھیٹر"، شیلا بھاٹیہ کا "دلّی آرٹ تھیٹر"، پرتھوی راج کپور کا "پرتھوی تھیٹر"، حبیب تنویر کا "نیا تھیٹر"، آئی ایل داس کا "لٹل تھیٹر" اور قادر علی بیگ کا "نیو تھیٹر"۔

"اردو تھیٹر" کے بینر تلے پروفیسر محمد حسن کے طبعزاد ڈراموں کے علاوہ ان کے تراجم اور Adaptations بھی اسٹیج کیے گئے جن میں "گوگول" کا انسپکٹر جنرل قابلِ ذکر ہے۔ پروفیسر محمد حسن کے قایم کردہ تھیٹر گروپ، اردو تھیٹر کے اداکاروں میں پروفیسر قمر رئیس کے علاوہ حکیم محمود عالم، امیر شرر، پروفیسر افتخار عالم خاں، شہاب جعفری، مقصود محمود، احمد اسحاق نعمانی، ارشاد ثانی، عمرانہ قدیر، پروفیسر ثریا حسین کی چھوٹی بہن

شہناز کے علاوہ جاوید اختر قابلِ ذکر ہیں۔ اردو تھیٹر کے پلیٹ فارم سے محمد حسن کے ڈرامے ریہرسل، موم کے بت اور ادھورے خواب کے علاوہ، اصغر بٹ کا چھوٹے میاں اور اُپیندر ناتھ اشک کا چھٹا بیٹا بڑی کامیابی سے اسٹیج کیے گئے جنھیں علی گڑھ میں بارہا اور دیگر شہروں میں بھی کامیابی کے ساتھ پیش کیا گیا۔ اصغر بٹ کے ڈرامے "چھوٹے میاں" میں بچے کے کردار میں جو کہ مرکزی کردار تھا، جاوید اختر نے اداکاری کے وہ جوہر دکھائے جو آج بھی لوگوں کو یاد ہیں۔

اس میں کوئی شک نہیں کہ پروفیسر محمد حسن کا قائم کردہ "اردو تھیٹر" ایک شوقیہ یا Amateur Theatre Group تھا، جس کے وسائل محدود تھے۔ عموماً تھیٹر کرنے والوں کے حوصلے بلند ہوتے ہیں، لیکن بلند حوصلے محدود وسائل کی وجہ سے، روزانہ کی دشواریوں کے سبب، پاؤں میں بیڑیاں ڈال دیتے ہیں۔ یہی وجہ ہے کہ چند ڈراموں کو اسٹیج کرنے کے بعد "اردو تھیٹر" کا وہی انجام ہوا جو کہ شوقیہ تھیٹر گروپس کا ہوتا ہے۔ لیکن پروفیسر محمد حسن کی مشقِ سخن جاری رہی، وہ ڈرامے لکھتے رہے، ریڈیو کے لیے بھی اور اسٹیج کے لیے بھی۔ ان کے ڈرامے مختلف یونیورسٹیوں کے نصاب میں شامل کیے گئے اور اسٹیج پر پیش بھی کیے جاتے رہے۔ ان کے ڈرامے اردو اکادمی کے ڈراما فیسٹولس میں ایوانِ غالب کے "ہم سب ڈراما گروپ" کی جانب سے اور بے شمار شوقیہ تھیٹر گروپس کے علاوہ پورے ملک کے مختلف کالجوں کی طرف سے "بزمِ ادب" کے پلیٹ فارم سے مسلسل اسٹیج ہوتے رہے، جو یقیناً ایک بڑی کامیابی ہے کیوں کہ اسی سے وابستہ ہے ڈراما لکھنے کا مقصد۔

محمد حسن نے ریڈیو اور اسٹیج کے بہت سے ڈرامے لکھے، اس کے علاوہ بہت سے فیچر بھی لکھے ڈراموں کی تخلیق کے لیے انھیں بہت سے انعام، ایوارڈ اور اعزازات سے بھی

نوازا گیا۔ آپ کے ڈراموں کے کئی مجموعے شائع ہوئے جن میں "پیسہ اور پرچھائیں "(9 ڈراموں پر مشتمل، 1955) "میرے اسٹیج ڈرامے "(6 ڈراموں پر مشتمل، 1969)، "مور پنکھی اور دوسرے ڈرامے "(7ڈراموں پر مشتمل، 1975) کے علاوہ "کہرے کا چاند" 1968 اور "ضحاک" 1980 قابلِ ذکر ہیں)ان کے علاوہ آپ نے اردو ڈراموں کے انتخابات بھی ترتیب دیے ہیں جن میں "نئے ڈرامے "(1967)اور "اردو ڈراموں کا انتخاب "(1998)خاصے مقبول ہوئے۔ حسن صاحب کے ڈراموں کے ناموں کی ببلیو گرافی تیار کی جائے تو وہ غالباً اس طرح ہو گی: "پیسہ اور پرچھائیں، سرخ پردے، سونے کی زنجیریں، نظیر اکبر آبادی، نقشِ فریادی، اکبرِ اعظم، انسپکٹر جنرل، معمارِ اعظم، ریہرسل، محل سرا، میر تقی میر، موم کے بُت، فٹ پاتھ کے شہزادے، گوشۂ عافیت، شکست، مور پنکھی، مولسری کے پھول، سچ کا زہر، دارا شکوہ، کہرے کا چاند، مٹی جاگتی ہے، تماشا اور تماشائی اور ضحاک" کے علاوہ کئی ریڈیو فیچر شامل ہیں۔

مندرجہ بالا ڈراموں کی اس قدر طویل فہرست یقیناً قابلِ تعریف بھی ہے اور قابلِ رشک بھی۔ ان کے ریڈیو ڈرامے، اسٹیج ڈرامے تو ہیں ہی اس کے علاوہ تراجم اور Adaptations بھی ہیں، اسی کے ساتھ ان میں شخصی ڈرامے، تاریخی ڈرامے، تجرباتی ڈرامے اور فل لینتھ ڈرامے بھی ہیں۔

اردو اکادمی، دہلی نے نیشنل اسکول آف ڈراما کے اشتراک سے اردو ڈرامے پر ایک اہم اور کامیاب سمینار کا اہتمام، دسمبر 1993 میں کیا تھا، جس میں ڈرامے اور تھیٹر سے متعلق اس زمانے کی تمام اہم شخصیات نے شرکت کی تھی، مثلاً ابراہیم القاضی، شیلا بھاٹیہ، ساگر سرحدی، رام گوپال بجاج، نیمی چند جین، کیرتی جین، پروفیسر محمد حسن، اقبال مجید، ریوتی سرن شرما، انور عظیم، ایم کے رینا، انورادھا کپور، جے۔ این۔ کوشل، رمیش چندر،

شمس الاسلام، زبیر رضوی، عزیز قریشی اور جاوید ملک قابلِ ذکر ہیں۔

اس سمینار میں پروفیسر محمد حسن نے ایک طویل اور جامع مقالہ بہ عنوان "اردو ڈراما" پیش کیا، جس میں آزادی کے بعد اردو ڈراما پر تبصرہ کرتے ہوئے آپ نے فرمایا:

"اسٹیج پر اردو ڈرامے کو وہ شہرت کبھی نہیں ملی، جس کا وہ مستحق تھا۔ وجہ اس کی یہ تھی کہ اسٹیج کا مزاج بدل رہا تھا، اور اردو ڈرامے نے اس بدلتے ہوئے مزاج کا ساتھ نہیں دیا، یا بہت کم ساتھ دیا۔

اس دور کے اہم ڈراما نگاروں میں اُپیندر ناتھ اشک، ابراہیم یوسف، ساگر سرحدی، اقبال مجید، ساجدہ زیدی، زاہدہ زیدی، شمیم حنفی اور کمال احمد صدیقی سرِ فہرست ہیں۔ ساگر سرحدی نے اردو ڈرامے میں نئے پن کو متعارف کرایا اور ڈرامے میں جدید تصور رائج کیے، خاص طور سے ان کا ڈراما "تنہائی" فنّی تقاضوں کے اعتبار سے منفرد قرار پایا۔

سوال یہ ابھرتا ہے کہ آخر دوسری اصناف کی طرح اردو ڈرامے کو بھی ہندوستان کی ادبی فضا میں اور دنیا کی ادبی زندگی میں، اہمیت کیوں نہیں ملی؟ ایسا تو نہیں کہ ہمارا دامن، یکسر ان دولتوں سے خالی ہو، جن سے دوسری زبانیں مالا مال ہیں۔ اردو ڈرامائی سرمایہ، ہندوستانی زبانوں میں کسی سے کمتر نہیں ہے پھر بھی اس کو مناسب اہمیت حاصل نہیں ہے۔"

محمد حسن صاحب کے اس اقتباس سے میں یا آپ اتفاق رکھتے ہیں یا نہیں یہ کوئی اہم بات نہیں۔ اہم بات ہے محمد حسن کا سوال کہ " آخر دوسری اصناف کی طرح، اردو ڈرامے کو ہندوستان کی ادبی فضا میں اور دنیا کی ادبی زندگی میں اہمیت کیوں نہیں ملی۔" یہ ایک بنیادی اور کھردرا سوال ہے۔ اسی سوال کے جواب میں ہمارے پچھڑے پن کا راز پوشیدہ ہے۔

میری نظر میں ڈراما، محض ایک خام مال ہے، یا یوں کہہ لیجیے کہ یہ محض Crude Oil ہے۔ اسے پٹرول کی شکل اختیار کرنے کے لیے کئی مراحل سے گزرنا ہوتا ہے، تب جا کر اس کی وقعت ہوتی ہے۔ یا پھر یوں سمجھ لیجیے کہ چڑیے کا انڈا دینا ایک عمل ہے، اور چڑیا کا انڈا کسی کام کا نہیں ہوتا، لیکن جب اسی انڈے کو ایک مقررہ وقت تک سینے کے بعد اس میں سے چوزہ نمودار ہوتا ہے، جو اپنے ساتھ زندگی لے کر آتا ہے تو انڈے کا وجود میں آنا، بامقصد ہو جاتا ہے۔ ڈرامے کا لکھا جانا انڈے کا وجود میں آنا ہے اور اس کا اسٹیج پر پیش ہونا اسے زندگی نصیب ہونے کے مترادف ہے۔ ڈرامے کے اسٹیج ہونے پر اس کا مقصد پورا ہوتا ہے اور اس کی خوبیاں، خامیاں واضح ہوتی ہیں۔

اس حقیقت کو اپنے۔ پرائے سبھی تسلیم کرتے ہیں کہ دورِ حاضر میں اردو ڈرامے کے حوالے سے محمد حسن کا شمار صفحۂ اول کے بے حد سنجیدہ، فعال اور متحرک ڈراما نگاروں میں کیا جاتا ہے اور کیا جاتا رہے گا۔ آپ نے اس خشک اور ویران میدان میں، اس قدر، اور اس فراوانی سے قلم دوڑایا ہے کہ بندہ۔ بشر حیران رہ جائے۔ یوں کہنے کو دُبلی پتلی کایا ہے، پر ایک بیش قیمتی ادبی سرمایہ ہے، سبھی کہتے ہیں پر بھو کی مایا ہے۔

پروفیسر محمد حسن کی ڈرامائی تخلیقات میں سے دو پر، میں کچھ عرض کرنا چاہوں گا، یہ دونوں ہی ان کی نمائندہ تخلیقات ہیں، جن پر گفتگو ہونی بھی چاہیے۔ پہلی تخلیق ان کا ڈراما فیچر ہے جو بہت اہتمام کے ساتھ، ملٹی میڈیا شو کے طور پر لائٹ اینڈ ساؤنڈ پروگرام کی شکل میں اردو اکادمی، دہلی کی جانب سے "ہم سب ڈراما گروپ" کے اور "سانگ اینڈ ڈراما ڈویژن" کے اداکاروں کے ساتھ، بے انتہا کامیابی کے ساتھ پیش کیا گیا، یعنی "اردو کی کہانی، روشنی اور آواز کی زبانی"۔ اور دوسرا ہے ان کا مشہور اور مسلسل زیر بحث ڈراما "ضحاک"۔

"اردو کی کہانی، روشنی اور آواز کی زبانی" کی شاندار پیش کش ایک یادگار کے طور پر ہمارے ذہنوں میں آج بھی محفوظ ہے۔ اس ڈرامافیچر کو اردو اکادمی، دہلی کی جانب سے پہلے 1983 میں اور پھر 1985 میں سانگ اینڈ ڈراما ڈویژن کے ڈائرکٹر عرفان عسکری کی ہدایت میں، تمام تر لوازمات، اہتمام اور تکلفات کے ساتھ اسٹیج کیا گیا۔ پہلی بار اسے حضرت نظام الدین میں ہمایوں کے مقبرے کے قریب، بھارت اسکاؤٹ اینڈ گائیڈ کے وسیع میدان میں اور دوسری بار 1985 میں پرانے دلّی کالج، واقع اجمیری گیٹ کے وسیع گراؤنڈ میں پیش کیا گیا۔ مجھے تفصیل تو نہیں معلوم ہے لیکن معتبر ذرائع سے یہ معلوم ہوا ہے کہ جس کامیابی کے ساتھ اس پیش کش کو دو بار دلّی میں دکھایا گیا اسی طرح اور اسی کامیابی کے ساتھ یہ لکھنؤ میں بھی دکھایا گیا اور وہاں بھی لوگوں نے اسے بے حد پسند کیا اور شہر لکھنؤ میں سالوں اس پیش کش پر چرچے ہوتے رہے۔

عرفان عسکری مرحوم اپنے فن میں ماہر پروفیشنل ہدایت کاروں میں شمار کیے جاتے تھے۔ انھوں نے تھیٹر میں کئی کمالات کر دکھائے تھے اور تمام اہم سرکاری تقریبات میں اعلیٰ پیمانے کے ملٹی میڈیا شوز کے، اور بڑی Cast کے ڈراموں کے ماہر ہدایت کاروں میں ان کا شمار ہوتا تھا۔ انھوں نے اس ڈرامے کو سب سے پہلے ماہر اور نامور اداکاروں کی آوازوں میں ریکارڈ کیا، پھر موسیقی ریکارڈ کی اور اس کے بعد لائٹ ڈیزائن کے ماہرین کی مدد سے ایسا جادو جگایا کہ لوگوں نے کہا، جنگل میں منگل اسی کو کہتے ہیں۔

دونوں بار اس پروڈکشن کے سات سات شوز ہوئے۔ نظام الدین میں ناظرین کی تعداد ہر روز ہزار سے بھی تجاوز کر جاتی تھی اور اجمیری گیٹ پر تو روزانہ ڈھائی ہزار ناظرین کو داخلہ دیا جاتا تھا، لیکن اس کے بعد بھی ہزاروں کی تعداد میں لوگ قریب کی عمارتوں پر کھڑے ہو کر اس پروگرام کا لطف لیتے تھے۔ اردو اکادمی کی تاریخ میں، اس

کے دو پروگرام جو عوامی سطح پر اس درجہ کامیاب ہوئے کہ تاریخ کا حصہ بن گئے، ایک تمثیلی مشاعرہ اور دوسرا "اردو کی کہانی، روشنی اور آواز کی زبانی" ہیں۔

پرانے دلّی کالج یعنی اجمیری گیٹ میں، ایک دن شو کے دوران ایسا غضب ہوا کہ بھیڑ نے بے قابو ہو کر کالج کے اجمیری گیٹ کی جانب کی پوری دیوار گرا کر جبراً داخلہ لیا۔ ڈرامے کے لیے دیوار کا گرایا جانا، اُس اردو ڈرامے کی مقبولیت، اور پروفیسر محمد حسن کی کامیابی کی دلیل نہیں تو اور کیا ہے؟۔

محمد حسن بنیادی طور پر ترقی پسند اور مارکسسٹ ہیں، غالباً اسی لیے ان کی تحریروں میں بالخصوص ان کے بیشتر ڈراموں میں، جرأت مندی اور باغیانہ تیور، مختلف کرداروں کے حوالے سے، نمایاں طور پر نظر آتے ہیں۔ ان کے اکثر ڈراموں کو پڑھتے وقت یہ احساس ہوتا ہے کہ آپ، سماجی ناہمواریوں، معاشی ابتری، مذہبی ڈھونگ، سیاسی اقتدار کے لیے ریشہ دوانیوں، جابروں اور سرمایہ داروں کے مظالم کے خلاف، آواز بلند کرنے کے لیے ایسے کردار تراشتے ہیں جو بہتر معاشرے اور قابلِ قبول صورتِ حال کے لیے ظالموں اور جابروں کو بے نقاب کر سکیں۔ آپ کے کئی ڈرامے مثلاً "سچ کا زہر"، "فٹ پاتھ کے شہزادے"، "موم کے بت" سے لے کر "ضحاک" تک آپ کو ان کا یہ Commitment مسلسل نظر آئے گا۔

ایمر جنسی کے دوران لکھا گیا ڈراما، "ضحاک" محمد حسن کا وہ ڈراما ہے جس پر سب سے زیادہ گفتگو ہوئی ہے۔ ڈرامے کا پلاٹ، شاہنامہ فردوسی سے اخذ کیا گیا ہے جسے ڈراما نگار کا سب سے مشہور ڈراما تسلیم کیا جاتا ہے۔ اسی طرح جیسے شاہنامہ فردوسی سے آغا حشر کاشمیری نے بھی پلاٹ اٹھایا اور اس پر مبنی ڈراما، ان کی بہترین شہرت اور مزید کامیابی کا سبب بنا، یعنی ڈراما "رستم و سہراب"۔

بلاشبہ، ہندوستانی جمہوریت کی تاریخ میں ایمر جنسی کو ایک بدنما سیاہ دھبّے سے تعبیر کیا جاتا ہے۔ اُس دور میں جو کچھ بھی ہوا وہ ہمارے ذہنوں میں محفوظ ہے۔ لٰہذا کسی تبصرے کی ضرورت نہیں ہے۔ ایمر جنسی اور "ضحاک" کے حوالے سے محمد حسن صاحب "ضحاک" کے دیباچے میں فرماتے ہیں:

"ضحاک، عصری ادب میں ایمر جنسی کے خاتمے کے فوراً بعد شائع ہوا۔ احباب نے ڈرامے کی پذیرائی میری ہمت اور حوصلے سے بڑھ کر کی، کسی نے اسے جدید اردو ادب میں اضافہ قرار دیا، کسی نے ایمر جنسی پر ہندوستان کا بہترین ڈراما بتایا۔ بعض حضرات نے اس میں تحقیقی دلچسپی بھی لی اور اس کے زمانۂ تصنیف، ماخذ اور اس کے طبعزاد ہونے یا نہ ہونے پر بھی بحثیں چھیڑ دیں۔ ایک بھرا پُرا مضمون بھی اس پر شائع ہو گیا، میں سبھی کا ممنون ہوں۔

ڈراما "ضحاک"، ابتدائی چند صفحات کے علاوہ تمام و کمال ایمر جنسی کے ہی زمانے میں لکھا گیا۔ ہوا یوں کہ ایمر جنسی کے دور میں زبان بندی مکمل تھی۔ ہر صبح اخبار ہاتھ میں لیتے ہوئے شدید ذلت اور اہانت کا احساس ہوتا تھا کہ وہ شروع سے آخر تک سفید جھوٹ سے لبریز ہوتا تھا۔ لفظوں کے معنی بدل گئے تھے۔ ہر روز کسی نہ کسی خوشامدی سے سابقہ پڑتا تھا۔ غرض ہر لمحہ ایک اذیت تھا۔ عصری ادب کا ہر لفظ سنسر ہو رہا تھا زبان پر تالے تھے۔ ڈرائنگ روم میں، بس میں، سڑک پر لوگ سانس روکے ہوئے گزر رہے تھے کہ پتہ نہیں کون جاسوس ہو، میرا بھی یہی حال تھا۔

اگست 1967 میں جواہر لال نہرو یونیورسٹی کے طلبا نے مجھ سے اصرار کیا کہ میں اپنا ڈراما انھیں پڑھ کر سناؤں، میں نے ڈراما 'ضحاک' لکھنا شروع کر دیا تھا مگر ابھی پورا نہیں کیا تھا۔ طلبا کے مختصر جلسے میں پڑھنے سے پہلے میں نے اپنے کمرے میں اپنے رفیقِ کار ڈاکٹر

صدیق الرحمن قدوائی کو اس ڈرامے کا ایک باب سنا کر ان سے مشورہ کیا، انھوں نے رائے دی کہ ایمر جنسی کے حالات میں اس ڈرامے کو عام جلسے میں پڑھنا خطرہ مول لینے کے مترادف ہے۔ جلسہ شروع ہوا تو میں نے اپنی نثری نظمیں سنانے پر اکتفا کیا۔ اصرار بڑھنے لگا تو 'ضحاک' کا پہلا سین سنایا جس کے بعد اصرار اور زیادہ بڑھا مگر بہر حال معاملہ وہاں ختم ہو گیا۔

ستمبر 1976 میں میں نے 'ضحاک' مکمل کر لیا۔ ایمر جنسی اپنے شباب پر تھی، طلبا کا اصرار بھی بہت تھا۔ اب اس اصرار میں دوسرے احباب بھی شریک ہو گئے تھے۔ چنانچہ میں نے اپنے کمرے میں بہت ہی منتخب احباب کے مختصر مجمع میں (جس میں چند طلبا بھی شریک تھے) پورا ڈراما پڑھ کر سنایا۔ احباب نے بہت تعریف و توصیف کی اور ساتھ ہی ساتھ اس کے نہ چھپ پانے پر دِلی رنج و غم کا اظہار بھی کیا بلکہ ایک کرم فرمانے تو مجھے تنہائی میں یہ مشورہ بھی دیا کہ کسی آنے جانے والے کے ذریعے اسے یا تو براہِ انگلستان یا براہِ راست پاکستان بھجوا دوں تا کہ وہاں مصنف کے کسی فرضی نام سے اسے شائع کرا دیا جائے۔ بارے یہ ڈراما اسی طرح مکمل پڑا رہا۔

آخر کار جب ایمر جنسی کا پنجہ ڈھیلا پڑا تو مارچ 1977 کے آخر میں اس کی کتابت شروع ہوئی اور عصری ادب میں چھپنے سے کچھ ہی پہلے وجے شنکر چودھری نے اسے سری رام سینٹر کے اسٹیج پر کھیلا۔ غرض اس ساری گفتگو سے اتنی ہے کہ ڈراما 'ضحاک' شروع کے چند صفحات کے علاوہ باقی تمام و کمال ایمر جنسی کے دور میں تصنیف ہوا۔"

ایمر جنسی سے لوگ یقیناً خائف تھے لیکن ان کی تعداد بھی کم نہیں تھی جنھوں نے اظہار کے مختلف ذرائع سے اپنی بات کہنے کی جرأت کی اور ایسا تو ہر دور میں ہوا ہے کہ جب جب ظلم کی انتہا ہوئی بغاوت نے سر اٹھایا ہے۔ اگر "ضحاک،، کو ایمر جنسی کے

دوران اسٹیج کیا گیا ہوتا تو آج اس کا درجہ یقیناً بلند ہوتا۔ تھیٹر نے ہمیشہ ظلم و جبر کے خلاف آواز بلند کر کے اپنا فرض نبھایا ہے۔ یہی وجہ ہے کہ ایمر جنسی کے ری ایکشن (Reaction) میں، بادل سرکار نے کلکتہ میں "مچھلد "نکّڑ ناٹک لکھا اور اس کے اتنے شوز ہوئے کہ سارے ریکارڈ ٹوٹ گئے، اسی ڈرامے کو مراٹھی میں "جلوس" کے نام سے امول پالیکر نے بمبئی میں، اور ایم۔ کے رینا نے دلّی میں پیش کیا اور ان دونوں کے پیش کردہ ڈراموں نے بھی کامیابی کے پچھلے ریکارڈز توڑ دیے۔ اُتپل دتّ نے اسی دوران دو ڈرامے "دُشّپت نگری" (یعنی اندھیر نگری) اور "اے پار راجہ پالا" (یعنی اب راجہ کی باری ہے) جاترا اسٹائل میں پیش کر کے اپنے غم و غصے کا پُرزور اظہار کیا۔ دلّی میں اندرا پارتھا سارتھی کا ڈراما "اورنگ زیب" اسٹیج کیا گیا تو امرتسر میں ایم۔ کے۔ رینا کی ہدایت میں بریخت کا مشہورِ زمانہ ڈراما "کا کیشیئن چاک سرکل" بہ زبانِ پنجابی "پرائی کوکھ" کے عنوان سے اسٹیج کیا گیا، جسے دوسرے دن شو کے درمیان روک دیا گیا اور ہدایت کار کو فوراً پنجاب چھوڑنے کا فرمان سنا دیا گیا۔ اُس وقت گیانی ذیل سنگھ صاحب پنجاب کے وزیر اعلیٰ تھے۔ پورے آندھرا پردیش میں پرجا ناٹیہ منڈلی کے تقریباً تین سو گروپس پورے صوبے میں اسٹریٹ پلیز کے ذریعہ ایمر جنسی کی مخالفت کر رہے تھے تو کرناٹک کے مشہور ہدایت کار پرسنّا کی قیادت میں ان کی تنظیم "سمودائے گروپ" اسٹریٹ پلیز کے ذریعہ اپنی ناراضگی کا اظہار کر رہے تھے۔ کنڑ فلموں کی مشہور اداکارہ اور Activist اسنیہ لتاریڈّی نے "سیتا" نام کا انقلابی ڈراما اسٹیج کیا، جس کے نتیجے میں انھیں گرفتار کیا گیا، اسی طرح پنجاب میں گرشرن سنگھ نے اپنے نکّڑ ناٹکوں کی بدولت عوام کو بیدار کرنے کا بیڑا اٹھایا غرض اس داستان سے یہ ہے کہ سرکار اور Establishment نے ڈراما اور تھیٹر والوں کو کبھی اپنے لیے ہوّا نہیں مانا، نہ اس نے انھیں کبھی اہمیت دی نہ گردانا۔ سپاہی ہو یا

افسر ہمیں سب نے بے چارہ ہی جانا۔

میرا تھیٹر سے رشتہ ایمر جنسی کے دوران میں قائم ہوا تھا۔ ہمارے تھیٹر گروپ "پریوگ" کے بیشتر ساتھی اپنے آپ کو انقلابی تصور کر کے خوش ہو لیتے تھے۔ ہم لوگ "جلوس" کی ریہرسل کر رہے تھے، اور بریخت کے The Mother کی ریڈنگ بھی کرتے تھے۔ ڈراما کرنا اور دوسروں کے ڈراموں کو دیکھنا ہمارا محبوب مشغلہ تھا۔

ایمر جنسی کے کچھ ہی دنوں بعد میرے کچھ دوستوں نے جن میں علی جاوید، فرحت رضوی اور شاہد پرویز پیش پیش تھے، انھوں نے مجھے فخریہ اطلاع دی کہ وہ پروفیسر محمد حسن کے تازہ ترین ڈرامے "ضحاک" کی ریہرسل کر رہے ہیں، جس کے ہدایت کار ہیں وجے شنکر چودھری۔ پھر وہ دن بھی آیا جب سری رام سینٹر میں بہت سادگی کے ساتھ اس ڈرامے کو اسٹیج کیا گیا۔ ڈرامے کے ہدایت کار اور اداکار سبھی شوقیہ یعنی Amateurs تھے۔ ڈرامے میں ٹیم ورک اچھا تھا، جس کی وجہ یہ تھی کہ سبھی آپس میں دوست تھے۔ جن اداکاروں نے اس ڈرامے یعنی "ضحاک" کے پہلے شو میں شرکت کی ان میں سے کئی لوگوں سے آپ بھی واقف ہوں گے مثلاً افروز عباس نقوی، علی جاوید، ضیاء اللہ خاں، شاہد پرویز، اشوک شرما، محمد شاہد حسین، فرحت رضوی، نریش ندیم، نواب وارثی، شپرا شکلا اور ذہیب اکرم کے علاوہ چند اور تھے جن کے نام اس وقت مجھے یاد نہیں آ رہے ہیں۔

مجھے اب بھی یاد ہے کہ پیسوں کی کمی کی وجہ سے "ضحاک" کا یہ اوپننگ شو بے حد سادگی سے پیش کیا گیا تھا۔ میک اپ، لباس، اشیاء اور لائٹنگ سب کچھ اسی طرز پر تھا جیسا کہ عموماً Amateurs کے یہاں ہوتا ہے۔ ہال میں اچھی خاصی تعداد میں ناظرین موجود تھے جن میں اکثریت جے۔این۔یو کے طلباء کی ہی تھی۔

عبدالعلیم نامی، جنھوں نے اردو تھیٹر اور ڈرامے پر بنیادی کام کیا ہے اور چار جلدوں

میں "اردو تھیٹر" نام سے جن کی کتاب بے حد مشہور و مقبول ہوئی ہے، انھیں کی ایک اور اہم کتاب "ببلو گرافیہ آف اردو ڈراما" جو 1966 میں شائع ہوئی، ان دونوں کتابوں میں اختر شیرانی کے ڈرامے "ضحاک" کا ذکر موجود ہے۔ "ضحاک" کے حوالے سے عبدالعلیم نامی نے لکھا ہے کہ اختر شیرانی نے 'سامی بے' کے ترکی ڈرامے کا اردو زبان میں ترجمہ کیا۔

سمجھا جاتا ہے کہ اختر شیرانی نے "ضحاک" کا اردو ترجمہ 1930 کے آس پاس کیا تھا جب کہ پروفیسر محمد حسن نے "ضحاک" ایمر جنسی کے زمانے میں لکھا جس کی کہانی شاہنامہ فردوسی سے اخذ کی گئی تھی لیکن اصل کہانی کو حسن صاحب نے ایک بامعنی مقصد کے تحت نئے زاویے سے پیش کیا۔ جس کا اعتراف انھوں نے ڈراما "ضحاک" کی اشاعت کے وقت دیباچہ میں اس طرح کیا ہے:

"یہ بھی کہا گیا ہے کہ، اختر شیرانی نے 'سامی بے' نامی کسی ترکی مصنف کے ڈرامے کا اردو ترجمہ 'بہارستان' میں شائع کیا تھا۔ مجھے یہ اعتراف کرنے میں ذرا بھی باک نہیں ہے کہ یہ بات بھی میرے علم میں نہ تھی کہ کسی مصنف نے اس کردار کو سیاسی معنویت دی ہے۔ حسنی صاحب کا مطبوعہ تحقیقی مقالہ مجھے میرے ڈرامے "ضحاک" کی اشاعت کے بعد 1977 کے اواخر میں پاکستان جانے پر ملا، اور اس تحقیقی مقالے میں 'سامی بے' کے ڈرامے کے متعلق معلومات بھی 1978 میں میری نظر سے گزری۔ واقعہ یہ ہے کہ اول تو دونوں ڈراموں میں مماثلت بہت کم ہے، دوسرے جو بھی ہے وہ صرف اس بنا پر ہے کہ دونوں کا ماخذ شاہنامے کا واقعہ اور اس کے بعض کردار ہیں۔ پھر بھی اگر "ضحاک" لکھتے وقت مجھے اس قسم کے کسی ڈرامے کا علم ہوتا تو شاید یہ ڈراما لکھا ہی نہ جاتا، یا دوسری طرح لکھا جاتا۔ بہرحال مجھے قطعی طور پر 'سامی بے' کے ڈرامے سے اپنی لاعلمی اور

ناواقفیت کا اعتراف ہے۔"

زمانہ جانتا ہے کہ محمد حسن ایک ذمہ دار، حساس اور سنجیدہ ڈراما نگار ہیں۔ ادب، تاریخ، تہذیب، روایات اور ڈرامے پر ان کی گہری نظر ہے۔ انھوں نے مختلف موضوعات پر بے شمار ڈرامے لکھے ہیں۔ لیکن اس بات کا افسوس ہے کہ ان ڈراموں کو نامور اور پروفیشنل ہدایت کاروں نے اپنے شیڈول میں ابھی تک شامل کیوں نہیں کیا؟

(۷) اردو کا پہلا چینی شاعر: شیدا چینی

رضوان احمد

چین کی تہذیب، ثقافت اور زبان بہت قدیم ہے۔ جب زبان قدیم ہے تو شعری روایات بھی پرانی ہیں۔ اس لیے چینی شاعری بہت پائیدار روایات رکھتی ہے اور اس کا شعری سرمایہ مالامال ہے۔ لیکن اردو زبان میں کسی چینی شاعر کی شاعری نہیں ملتی۔

شیدا چینی اردو کے پہلے چینی شاعر ہیں۔ 78 سالہ لیو ینگ وین یعنی شیدا چینی جمشید پور میں رہتے ہیں۔ پیشے کے اعتبار سے دانتوں کے ڈاکٹر ہیں لیکن گذشتہ 60 برسوں سے اردو میں شاعری کر رہے ہیں۔ ان کا پہلا شعری مجموعہ "لکیروں کی صدا" حال ہی میں شائع ہوا ہے جس کی رسم واجرا یکم مارچ 2009 کو شہر آہن جمشید پور میں ایک عظیم الشان جلسے میں ادا کی گئی۔

شیدا چینی کی اردو تعلیم اور شاعری کی شان نزول یہ ہے کہ ان کے والد بھی پیشے کے اعتبار سے دانتوں کے ڈاکٹر تھے اور کلکتہ میں پریکٹیس کرتے تھے۔ شیدا کی پیدائش دس جون 1931 کو کلکتہ میں ہوئی تھی۔ ان کے والد 1934 میں کلکتہ سے منتقل ہو کر جمشید پور آئے اور یہیں مستقل سکونت اختیار کر لی۔ اتفاق سے ان کے محلے میں ایک اردو اسکول تھا اور شیدا نے وہیں تعلیم حاصل کرتے ہوئے اردو میڈیم سے میٹرک پاس کر لیا۔ انہیں اردو زبان سے بے حد لگاؤ ہو گیا اور وہ دیوانگی کی حد تک اردو زبان سے پیار کرنے لگے۔ انہیں دو ہی باتوں سے دلچسپی تھی ایک تو وائلن بجانے سے جس میں وہ کافی مہارت

رکھتے تھے اور دوسری اردو ادب کے مطالعہ سے۔ اس درمیان ان کی ملاقات جمشید پور میں ترقی پسند تحریک کے روح رواں بی زیڈ مائل سے ہو گئی۔ مائل صاحب خود بھی شاعر تھے اور انہوں نے شیدا چینی کو میر، غالب، سودا، مومن، اور درد کے دیوان مطالعے کے لیے دیے۔ شیدا نے خود بھی کتابیں خرید کر اپنا مطالعہ بڑھایا اور مائل صاحب کی شاگردی میں شعر گوئی کا آغاز کیا۔ مائل صاحب جانتے تھے کہ شیدا بہترین موسیقار ہیں اس لیے ان کے اندر تخلیقی صلاحیت بدرجہ اتم موجود ہے۔ اسے صرف بیدار کرنے کی ضرورت ہے۔ شیدا نے 1951ء میں پہلی غزل کہی۔ جس کے کچھ اشعار یہ ہیں:

ملتے ہیں جہاں اربابِ الم اک جشن طرب ہو جاتا ہے
ہر نالہ و آہ و جور و ستم عشرت کا سبب ہو جاتا ہے
مفلس جو کرے لغزش بھی ذرا ماخوذ غضب ہو جاتا ہے
کرتے ہیں اگر زردار گنہ وہ جشن طرب ہو جاتا ہے

شیدا چینی کی شاعری میں جو چنگاریاں تھیں اسے ان کے استاد اور ہم عصر شعرا نے بھی داد دی اور ان کی کافی ہمت افزائی کی۔ لیکن شیدا نے اپنی سب سے پہلی غزل حیدر آباد کی ایک نشست میں سنائی تھی۔ اس کے بعد سے انہوں نے کلکتہ، جمشید پور کے متعدد مشاعروں میں بھی غزلیں پڑھیں جہاں سبھی ایک چینی شاعر کی اردو شاعری سن کر حیرت زدہ رہ جاتے تھے۔

شیدا چینی نے 1958ء میں انجمن ترقی اردو کے زیر اہتمام ایک مشاعرہ میں اپنی غزل پڑھی تو نہ صرف سامعین نے کھل کر داد دی بلکہ انہیں بار بار پڑھوایا گیا۔ اس کے بعد 14 اکتوبر 1958ء کو کلکتہ کے آل انڈیا مشاعرہ میں بھی انہیں زبردست طور پر سراہا گیا اور اس مشاعرہ میں عندلیب شادانی، آل احمد سرور اور پروفیسر خواجہ احمد فاروقی جیسے

نامور اصحاب ادب موجود تھے۔ ان سب نے شیدا چینی کی شاعری کو سراہا اور اسے آگے لے جانے کے لیے ہمت افزائی بھی کی۔ مشاعرے میں انہوں نے جو غزل پڑھی تھی اس کے چند اشعار:

کھل بھی جاؤ کہ لوگ کہتے ہیں
بے سبب برہمی نہیں ہوتی
حوصلہ چاہئے محبت میں
بزدلی عاشقی نہیں ہوتی
لذتِ گفتگو نہیں ملتی
بات جب آپ کی نہیں ہوتی
زندگی آشنا نہ ہو جب تک
شاعری شاعری نہیں ہوتی

شیدا چینی کی شاعری میں جہاں روایتی عشق و عاشقی کے جذبات و احساسات ہیں وہیں ان کی شاعری جذب و کیف میں ڈوبی ہوئی ہے۔ جمالیاتی احساس سے بھی بھرپور ہے۔ حالانکہ شیدا چینی کے استاد بی زیڈ مائل نہ صرف ترقی پسند تحریک سے وابستہ تھے بلکہ ایک کل وقتی کمیونسٹ کارکن بھی تھے۔ لیکن شیدا نے اپنے استاد سے صرف شاعری ہی لی۔ ان کے افکار و نظریات نہیں لیے۔ اس لیے ان کی شاعری پر ترقی پسندی کا شائبہ بھی نظر نہیں آتا۔

1980ئ میں میں ایک سیمنار میں شرکت کے لیے جمشید پور گیا تھا تو اس موقع پر ایک مشاعرہ بھی ہوا تھا۔ جس میں مجھے شیدا چینی کی غزل سننے کا اتفاق ہوا تھا۔ انہوں نے اس وقت جو غزل سنائی تھی اس غزل کے اشعار مجھے یوں یاد آگئے کہ وہ غزل "لکیروں کی

صدا" میں شامل ہے اور حالات کے لحاظ سے وہ غزل بہت ہی حسب حال تھی:

دنیائے پر بہار کا موسم اداس ہے
تیرے بغیر پیار کا موسم اداس ہے
شعلہ کچھ اور دل کی تڑپ کا جگائیے
شب ہائے انتظار کا موسم اداس ہے
کچھ ہم کو راس آگئی پابندی فضا
کچھ ان کے اختیار کا موسم اداس ہے
کیا گردش جہاں کی ہے تلخی بڑھی ہوئی
کیوں نشہ و خمار کا موسم اداس ہے
قلب و نظر کے آئینہ کو دیجئے جلا
ذوق جمال یار کا موسم اداس ہے
ترغیب اپنی آبلہ پائی کو دیجئے
صحرائے خارزار کا موسم اداس ہے

ان اشعار کو اس تناظر میں بھی دیکھنا چاہئے کہ 1979ء میں جمشید پور میں بہت ہول ناک فرقہ وارانہ فساد ہوا تھا۔ جان و مال کا بہت بڑا زیاں ہوا تھا اس فساد میں اردو کے نامور افسانہ نگار اور ناول نگار ذکی انور کو بھی قتل کر دیا گیا تھا۔ اس کے بعد سے ہی جمشید پور کی فضا بے حد سوگوار اور بوجھل تھی۔ جس کا پرتو شیدا چینی کی غزل میں نظر آتا ہے، بلکہ حقیقت تو یہ ہے کہ جمشید پور کی فرقہ وارانہ فضا نے شیدا چینی کی شاعری پر بہت اثر ڈالا تھا۔ وہ بہت عرصے تک خاموش رہے اور انہوں نے کوئی غزل نہیں کہی۔ شیدا کے سینے میں درد مند دل ہے وہ اپنے گرد و پیش پر گہری نظر رکھتے ہیں۔ اس لیے اگر وہ اپنے ارد

گرد پیش آنے والے حالات سے متاثر ہوئے اور کبھی ان موضوعات پر اشعار کہے یا خاموشی اختیار کرلی تو یہ بالکل فطری بات ہے۔ "لکیروں کی صدا" میں عرض شیدائی کے تحت منظر کلیم لکھتے ہیں۔

"دو تجربے ایسے ہیں جس نے شیدا چینی کی زندگی اور شاعری کو خاصا متاثر کیا۔ اول ملک پر چین کی جارحیت اور دوسرا جمشید پور کا فرقہ وارانہ فساد۔ کیوں کہ ہندوستان پر چین کے حملے کے بعد وہ حکومت کی نگاہ میں مشکوک ہو گئے، اور ان پر پابندی عائد کر دی گئی۔ حصار بندی کا یہ زمانہ ایک دندان ساز کے لیے قابل برداشت ہو سکتا تھا لیکن ایک فن کار کے لیے ذہنی اور نفسیاتی اذیت سے کم نہ تھا۔ شیدا تنہائی کے شکار ہو کر رہ گئے۔ دوسرا تجربہ جمشید پور کا فرقہ وارانہ فساد تھا جس نے شاعر کے ذہن کو جھنجھوڑ کر رکھ دیا۔ یہ حادثہ ایک انسانیت پر ایمان رکھنے والے فن کار کو مفلوج رکھ دینے کے لیے کافی تھا۔ شیدا ایک عرصے تک خاموش رہے لیکن آہستہ آہستہ فطری تڑپ اور احباب کے اصرار پر دوبارہ شاعری کی جانب رجوع ہوئے۔

شیدا چینی اپنے کلام کی اشاعت کی جانب سے ہمیشہ بے نیاز رہے ان کا بہت سا کلام دست و برد زمانہ کے ہاتھوں ضائع ہو گیا۔ اب ان کے چاہنے والوں میں ان کا کلام مرتب کر کے شائع کیا ہے اس کام میں ان کے کرم فرما شمس فریدی اور یار غار سید احمد شمیم نے بہت محنت کی ہے۔

شیدا چینی غزل کے شاعر ہیں اور انہوں نے زیادہ تر غزلیں ہی کہی ہیں البتہ اس مجموعے میں ایک نعت اور کچھ نظمیں بھی شامل ہیں۔ شیدا چینی کے اشعار ذہن کو سوچنے پر مجبور ضرور کرتے ہیں:

ہم اندھیری رات میں روشن ستاروں کی طرح
ضو فگن آفاق پر ہیں مہ پاروں کی طرح
حسرتا اردو ادب کی مملکت کے جانشیں
مٹ رہی ہے یہ زباں بھی تاجداروں کی طرح
قصہ درد محبت ہم کسی سے کیوں کہیں
لوگ دشمن بن نہ جائیں رازداروں کی طرح
پھول جو مہکا ہے گلشن میں خدا خیر کرے
اس نے بھی زخم نہ کھایا ہو مرے دل کی طرح
ہر زباں پر سکوں کا تالا ہے
کوئی طوفان آنے والا ہے
پھر کوئی امتحان ہے پیارے
وہ نظر مہربان ہے پیارے
بھیگے ساون کی تیز بارش میں
دل سلگتا مکان ہے پیارے
میرے دل کی تجھ کو خبر نہیں میرے دل پہ تیری نظر نہیں
یہی جلوہ گاہ ارم بھی ہے یہی حسرتوں کا مزار بھی
نہ سکندری سے ڈری کبھی نہ ستم گری سے دبی کبھی
وہ صدائے حق و بلند ہے سر عام و بر سر دار بھی
میں نے یوں بھی دیکھے ہیں لوگوں کے گھر
چھت نہیں دیوار و دروازہ نہیں

وجود اپنا بکھرا ذرا جوڑ لوں

ابھی اذن نغمہ سرائی نہ دے

ذرا اک نظر اپنے دامن پہ بھی

تو بڑھ چڑھ کر اتنی صفائی نہ دے

بچپنے کی ضد بھی ہوتی ہے بہت بالغ نظر

چاند تاروں کے لیے پھر سے مچل کر دیکھئے

شیدا چینی گردوپیش کی باتیں کہتے ہیں، سامنے کی باتیں کہتے ہیں اور بالکل ہی عام فہم زبان میں کہتے ہیں۔ ان کے اشعار پڑھ کر اندازہ ہوتا ہے کہ اس سادگی میں بھی کیسی پرکاری ہے:

نظر اپنی دماغ اپنا پسند اپنی خیال اپنا

سر محفل ہے کس کا ظرف کتنا ہم دیکھیں گے

سنا ہے آج پھر اک ساحر ظلمت پسند آیا

طلسم بے حقیقت کا تماشہ ہم بھی دیکھیں گے

گنہ میرے مقدر میں نہیں تھا

یہ کیسی بے گناہی کی سزا ہوں

مجھے اظہار کا شاید سلیقہ ہی نہیں آتا

مری ہر بات ان کو اجنبی معلوم ہوتی ہے

اثر یارب مجھے دے یا اسے درد آشنا کر دے

کہ اس دل میں محبت کی کمی معلوم ہوتی ہے

چلیں ہیں راہ دکھانے نگار منزل کی
جنہیں خود اپنے ہی گھر کا نشاں نہیں معلوم

ہر بار قیامت سے ہوا سامنا میرا
آنا بھی غضب ہے ترا جانا بھی غضب ہے

شیدا یہ صنم خانہ ہے دل رکھئے چھپا کر
ہر سنگ کو آئینہ دکھانا بھی غضب ہے

لوگوں نے کر دیا اسے آخر میں سنگ سار
یہ پیڑ بڑھ کر ہو گیا پھل دار صحن میں

نفرت کے کاروبار کا کرنے کو مول تول
کچھ لوگ کھول بیٹھے ہیں بازار صحن میں

شہر سے گاؤں تلک رقص شرر کا منظر
نئی تہذیب کا دلدوز تماشہ دیکھو

جانے کس مرحلہ شوق میں آ پہنچا ہوں
خامشی ہی میری گفتار ہوئی جاتی ہے

ستم میں بھی تکلف کر رہے ہیں آج وہ شاعر
تڑپ بڑھ کر میری وجہ سکون دل نہ بن جائے

نہ ملا کچھ سراغ ہستی کا
مدتوں سے بھٹک رہے ہیں ہم

لوگ ہیں منتظر قیامت کے
اور تری راہ تک رہے ہیں ہم

یوں تو شیدا چینی مشاعروں تک محدود رہے اور انہوں نے اشاعت کی جانب توجہ نہیں دی لیکن انہیں یہ احساس ضرور رہا:

اس میں تو شک نہیں ہے کہ تاریخ ساز ہوں
شیدا یہ اور بات ہے میں بے نیاز ہوں

* * *